检察机关法律监督中的公众参与问题研究

Research on Public Participation in Procuratorial Organ's Legal Supervision

王孟嘉／著

法律出版社
LAW PRESS·CHINA
北京

图书在版编目(CIP)数据

检察机关法律监督中的公众参与问题研究 / 王孟嘉著. -- 北京 : 法律出版社, 2021
ISBN 978 - 7 - 5197 - 5840 - 0

Ⅰ. ①检… Ⅱ. ①王… Ⅲ. ①公民-参与管理-检察机关-法律监督-研究-中国 Ⅳ. ①D926.4

中国版本图书馆 CIP 数据核字(2021)第 163218 号

检察机关法律监督中的公众参与问题研究
JIANCHA JIGUAN FALÜ JIANDU ZHONG DE GONGZHONG CANYU WENTI YANJIU

王孟嘉 著

责任编辑 屈 瑶
装帧设计 臧晓飞

出版发行 法律出版社
编辑统筹 学术·对外出版分社
责任校对 王晓萍 王语童
责任印制 陶 松
经　　销 新华书店

开本 710 毫米×1000 毫米 1/16
印张 13.5 **字数** 200 千
版本 2021 年 10 月第 1 版
印次 2021 年 10 月第 1 次印刷
印刷 三河市龙大印装有限公司

地址:北京市丰台区莲花池西里 7 号(100073)
网址:www.lawpress.com.cn
投稿邮箱:info@lawpress.com.cn
举报盗版邮箱:jbwq@lawpress.com.cn
销售电话:010 - 83938349
客服电话:010 - 83938350
咨询电话:010 - 63939796

书号:ISBN 978 - 7 - 5197 - 5840 - 0
定价:69.00 元

凡购买本社图书,如有印装错误,我社负责退换。电话:010 - 83938349

引　言

党的十九大报告对新时期健全人民当家做主体系,发展社会主义民主政治提出了更高要求,人民当家做主被赋予新的时代内涵——扩大人民有序政治参与。公众参与司法作为政治参与的有机组成部分,必须紧跟时代步伐并随着时代进步不断扩充自身的理论和实践场域。公众参与检察机关法律监督正是在这个背景下对人民有序参与政治的有益拓展。在现有的研究中,检察监督领域的公众参与是个历久而弥新的话题,一方面,早期实行的人民监督员制度虽然被奉为公众参与检察的典范,但是随着国家监察体制改革的深入,人民监督员制度性根基随之动摇;另一方面,公众参与司法已不限于对审判活动的参与,检察体制改革愈加注重对公众参与功能的运用,如若在检察环节缺少公众参与,我们对很多问题的研究将失去逻辑前提而难以展开。

公众参与检察机关法律监督有三重价值功效:一是检察民主决策,二是检察民主监督,三是通过对检察机关法律监督的参与形成对其他公权力的再监督。公众通过参与检察机关法律监督能够辐射至整个刑事诉讼环节。本书从基本概念、正当性基础、制度机制、法治化构想等方面,系统论证了如何在检察领域吸纳公众参与这个核心论题。

第一，本书明确了公众参与视域下检察机关法律监督的内涵及理论空间，即为什么将公众参与的对象界定为法律监督而非所谓的检察或检察权。从整体论意义出发，法律监督是检察机关职能的功能性概念，公众参与的目标指向在于检察机关全部权能，而非仅指诉讼权能范畴，检察权是检察机关所有权能构成之称谓，法律监督权则是指检察机关所有职权之属性，体现检察机关的本质功能，公众参与检察机关法律监督是指公众参与对法律监督的功能参与。另外，通过对法律监督内涵解读，构建出公众参与从行政到检察机关法律监督的理论空间，公众参与检察不仅有保障公众诉讼权利功效，还能带动公民权对包括检察权在内的其他国家公权力监督，具有多重的参与价值。

第二，本书论证了公众参与检察监督的正当性基础问题，即公众参与的合理性与必要性。其一，公众参与检察监督是人民主权原则的逻辑转化，有着充分的宪法依据，且在公民基本权利中均有公众参与之体现，表征了人民监督的宪法观；其二，公众参与有着充分的理论正当性，权力合法性理论、激发权能理论和正义理论分别阐述了获得公众认同、公众参与权的基础与公众有效性参与等问题；其三，在实践基础方面，公众参与是培养公民法律意识、提升检察职业能力水平的实践需求，新时期检察体制改革的探索是公众参与的实践智慧，检察个案监督激发出公众参与的实践动力，国家监察体制改革为公众参与带来实践机遇。无论从理论还是实践角度，公众参与检察均有充分且必要的正当性理由。

第三，公众参与检察需要以相应的原则、机制、限度为架构。为了克服公众参与检察的理想主义倾向必须坚持实践原则，作为一项公众参与司法新的尝试必须坚持试错原则。自决原则强调公众必须拥有的自主权，在改革的实施路径上不能急功近利，试错原则主张的变革性与继承性必须为改革所遵循。

公众参与虽然在宪法上有基本权利依据，但是在实践中还需要转化为具体的权利类型，应建立以立法为中心、制度与解释为辅助的基本权利转化机制。决策与监督是公众参与的两大内容，需形成专门的机制。对决策机制而言,可以尝试对检察听证做针对性改造,尤其是简易听证方式,同时以科学的表决机制与回应机制来评价公众参与效果。根据本书对监督做双重理解的预设,监督机制具有双重含义,一是对检察权力的监督,二是通过检察权形成对其他国家权力的监督。在此基础之上,通过对监督机制的主客体关系、发生场合、监督权行使方式等要素分析,系统论述了监督机制的运行模式。激励机制解决的是提升公众参与的内在动力问题,通过对企业管理理论中的"期望理论""成就激励理论""强化激励理论""公平理论"加以运用,可充分激发公众参与的热情。

公众参与检察机关法律监督是公众与检察机关在一定的限度内的互动,在这个过程中双方均应遵守各自的底线,即公众参与活动的上限。通过对公众参与与司法民主、检察独立之间关系的梳理,本书认为,独立性与有序性共同划定了公众参与检察机关法律监督活动的界限。

第四,公众参与在检察机关法律监督权各项权能结构中的参与方式不尽相同。通过对域外检察实践考察发现,公诉权中的公众参与的必要性根源是不起诉裁量权,在拟不起诉案件引入公开审查制度直击公诉权之"要害";侦查监督权所呈现出制约性羸弱主要归咎于外部力量的介入不足,因而在对侦查监督进行诉讼化改造的前提下,通过制度化的方式对公众进行主体赋权有益于扭转当前侦查监督权能较弱的局面;审判监督的根本目的是纠正错误,在检察机关内部建立由公众参与和相对独立的刑事复查委员会有助于纠正和防范冤假错案发生;缺乏有效的监督手段与监督方式的封闭性使刑事执行监督难以真正发挥实效,在对监禁刑与非监禁刑区分基础之上分别建立人民巡视员制度与人身危险性评估制度,具有启发性。

第五,公众参与检察监督的法治化应由实施路径的法治化、配套措施法治化与公众监督与救济的法治化三方面组成。实施路径方面,要依照科学的立法模型进行立法,可参照《全国人民代表大会常务委员会关于授权最高人民检察院在部分地区开展公益诉讼试点工作的决定》模式由全国人大常委会对改革进行授权,以符合检察规律和满足公众合理期待的正当程序引导程序性设计;配套措施方面,需要建立公众参与的绩效考核标准和以司法理性为引导的公众参与行为规范,实现配套措施的法治化;法律监督与信访之间有着公正性作为共同基础,法律监督能对信访的双重属性予以接洽,检察机关现有平台架构也已初具模型,因此将信访纳入法律监督权视野下是公众监督与救济法治化的有效路径。

公众对检察机关法律监督的参与是公众参与研究领域的新课题,它既有公参与司法的共性特征,又体现了检察机关法律监督定位的特殊性。由于公众参与检察是一项整体性建构工程,它必须以检察理论为指导、以检察实践为面向、以国家政治体制改革为需要,才能在国家权力配置中充分发挥其民主与监督功能。本书试图从整体上厘清公众参与检察监督的理论与实践问题,以期对检察活动中的公众参与制度构建有所启迪。本书尚有许多未竟之课题,如公众与检察机关之间具体的权力义务关系、公众与其他社会参与主体关系、公众参与检察监督具体立法问题、公众参与的实际推广方式等,均需做进一步的研究和细化。

目　录

导　论

第一节　研究背景与研究意义

一、研究背景

新时期,中国共产党担负着中华民族伟大复兴的历史使命,在经济、政治、社会等各方面推行了一系列改革措施,有学者将此称为社会主义 3.0①。中国改革开放以来,民智逐渐打开,民众的法治观念与意识得到很大提升,人们对政治参与的渴望十分强烈。党的十九大报告提出了扩大公众有序政治参与,要让人民依法通过各种途径和形式管理国家事务。公众参与作为政治民主参与的一种形式,被推向改革的前沿阵地,其中司法领域的公众参与尤为受到社会的关注。十八届三中全会发布了《中共中央关于全面深化改革若干重大问题的决定》,重点提出"广泛实行人民陪审员、人民监督员制度,拓宽人民群众有序参与司法渠道"。2019 年 1 月 1 日正式实施的《人民检察院组织法》第 11 条更是提出"人民检察院应当接受人民群众监督,保障人民群众对人民检察院工作依法享有知情权、参与权和监

① ［德］米夏埃尔 · 布里:《社会主义的第三次浪潮——一位欧洲学者的观点》,载《科学社会主义》2016 年第 1 期。

督权”,可视为公众参与检察监督的制度的建立依据。

在实践中,公众参与司法在法检两院呈现出不均衡现象,典型表现就是人民陪审员制度运行火热,而人民监督员制度时常遭受“冷遇”。学界在研究公民参与司法时更关注公众参与法院的审判过程,对检察机关法律监督中公众参与问题研究却较少涉及。究其原因大致有:第一,检察机关定位不清,人们总不自觉地混淆检察机关的性质与功能差异,造成理论研究与实践应用的混乱;第二,检察机关职能具有封闭性特征,长期以来侦诉一体的办案模式很大程度上排斥了社会力量的介入,法律监督作为诉讼体系的内部监督,并不直接与公众发生关联,公众认同度较低;第三,“以审判为中心”的司法体制改革无意间对检察体制改革产生影响,加之国家监察体制改革的深入推进,检察机关在政治体制改革中有边缘化的趋势。虽然《宪法》《人民检察院组织法》《刑事诉讼法》等法律中均有依靠群众的规定,在具体检察制度中仅有人民监督员一项正式的制度,还是以制约检察权的形式存在,并未真正切入诉讼环节中。公众参与检察监督在检察制度理论中仍有较大探索空间。

二、研究意义

在司法民主的背景下,公众参与作为直接民主的表现形式之一,是司法改革的题中之义。检察机关的法律监督权能在国家政治体制中有着不可替代地位,公众的参与,能够成为社会主义民主政治开辟新的路径。

1. 理论意义

(1)拓宽公众参与司法的领域

传统理论研究公众参与司法一般只研究审判环节的公众参与,对人民监督制度的研究很少从公众参与视角进行论证,本书从整体上建构了公众参与检察的理论框架,拓宽了公众参与司法的传统领域。

(2)从公众参与视角厘清法律监督内涵

以往在谈论法律监督时,主要围绕着检察权的性质,由此争论不休。本书从整体论视角区分了检察机关的性质与功能,提出公众参与检察机关的法律监督是对检察权功能的参与，与属性无关，不能将性质与功能相混淆。

（3）建构一套公众参与检察的理论体系

本书从正当性基础、原则、机制、制度四个层次分别论述了公众参与检察机关法律监督的可行性，在围绕权利机制、决策机制、监督机制和激励机制论证的基础上，对具体检察权能中的公众参与制度构建提出初步构想。

（4）从法治完善、配套措施、社会治理等视角解决公众参与检察的法治化问题

法治化是实现公众有序参与司法的保障，符合新时期建设民主政治的宏观要求。法治建设和正当程序有利于实现实施路径的法治化，而绩效考核与司法理性则有利于实现配套措施法治化，信访制度的司法转向有助于社会治理之法治化。

2. 实践意义

（1）为检察体制改革提供路径指引

当前检察体制改革在“以审判为中心”的司法体制改革和国家监察体制改革洪流中逐渐陷入困境，集中体现为缺乏明确的改革方向。公众参与改革旨在使检察职能向“人民性”回归，获取充分的社会认同感，由此进行一系列相关制度安排和改革，形成新的具有检察特色的职能体系。

（2）通过公众参与弥补检察职能运用所呈现的弊端

在公诉权、侦查监督权、审判监督权和执行监督权行使过程中，均暴露出各自权能运用的缺陷。通过不同形式的公众参与，强化各权能的民主化基础，既能丰富权利救济手段，又能促进法律监督权能的规范化行使。

第二节　研究现状

就公众参与检察监督而言，学界研究与实务界研究呈现明显脱节现象，即检察实务中已有大量的公众参与事实，而法学理论或检察理论却缺少相关系统研究。总体看来，国内研究主要集中于三大

领域：一是检察权性质之争，二是公众参与司法研究，三是各项检察权能结构中公众参与问题研究。目前尚未有文章对公众参与检察做专门论述，本书拟在上述研究的基础之上，通过总结论证，探索一条适合中国检察实践的公众参与制度。

一、关于检察权性质方面研究

检察权性质是公众参与的基础性研究内容，主要目的是解决公众参与的范围问题，传统研究领域主要集中在检察权作为行政权、司法权、兼具行政和司法权双重属性的辨析上。

一种观点认为，我国检察机关属于行政机关。① 该观点主要认为司法权应当有三大属性：终局性、中立性、独立性。然而检察权是为了适应公诉制度而发展起来的权力，检察机关的权力行使与法院不同，作为公诉机关与被追诉对象持相对的立场；再者，由于我国检察机关遵循着“检察一体制”原则，在诉讼活动中，上下级检察机关活动不具有独立性，所以检察机关不具有司法机关的特质，应属于行政机关。

另一观点认为，检察机关属于司法机关。理由包括：检察官与法官虽然职位不同但是性质却相同，如龙宗智认为，检察权与审判权的行使十分类似，检察官具有法律守护人的地位，对检察官及法官而言，查明犯罪事实与作出法律判断均依照同一原则；②彭勃从职业保障的角度也认为检察机关属于司法机关的性质，检察官与法官享有同等或近似的选拔制度和职业保障制度，如依据《检察官法》和《法官法》的规定，新任检察官和法官都必须通过国家统一法律职业资格考试才能获得相应的资格，同时检察官和法官的级别设置和职业保障也有类似之处。③

还有一种观点认为检察机关是法律监督机关，所行使的职权属于法律监督权。这种观点目前在学界占据主流地位，很多学者从不

---

① 郝银忠：《检察权质疑》，载《中国人民大学学报》1999 年第 3 期。

② 龙宗智：《论检察权的性质与检察机关的改革》，载《法学》1999 年第 10 期。

③ 彭勃：《检察权的性质与“检警一体化”理论试析》，载《当代法学》2002 年第 8 期。

同的角度分析了检察机关法律监督的地位。如学者封安波认为,在中国法律文本中,检察机关的“法律监督”区分为广义和狭义。多数情形是狭义的,如《人民检察院组织法》第2条检察机关职权的“监督”、《检察官法》第7条检察官对民事、行政诉讼活动的“监督”;少数情形,如《宪法》规定检察机关为“国家的法律监督机关”之“法律监督”,只能是广义的,这意味着检察机关的所有职权都带有“法律监督”性质;[①]徐桂琴通过历史解释对检察机关法律监督地位进行了解读,关于检察院作为“法律监督机关”而行使“检察权”之宪法定位,需回到新中国宪法关于设置检察机关的原初意图与历史传统之中探究其发生之端绪,方可对检察院作为“法律监督机关”行使“检察权”之宪法规范作出妥当的历史解释。考察我国制宪历史事实,所得出一个基本结论就是新中国宪法界定检察机关为法律监督机关具有历史必然性,并形成了新中国宪法将检察院作为法律监督机关的历史传统。由此而成的《宪法》中关于“检察院是国家的法律监督机关”的规定,是对我国宪法监督体系之法律监督的专门授权规定,具有国家性、规范性、程序性与强制性,其侦查权与公诉权,本质皆为法律监督权行使之方式[②];樊崇义从哲学层面回应了学界对检察机关法律监督地位的质疑,认为法律监督和公诉是我国检察权的两个组成部分和两种基本职能,公诉职能加强了,法律监督的效果必然会显现出来,公诉是手段,法律监督是目的,实现法制的统一是效果[③];张智辉认为法律监督是我国法律中的一个专门术语,具有特定的含义,只有检察机关的监督才能定义为法律监督,他还同时论证了法律监督的特殊性,并指出检察机关作为法律监督机关,应该具有一定的侦查权,但是不应该具有实体处分权[④];蒋伟亮也持相同观点,认为西方国家的检察制度秉承权力分立和制

---

① 封安波:《论我国检察权的“三层级”结构——基于〈宪法〉与〈刑事诉讼法〉衔接的考量》,载《法学家》2015年第4期。

② 徐桂琴:《检察院作为“法律监督机关”的历史解释与思考》,载《东岳论丛》2013年第10期。

③ 樊崇义:《法律监督职能哲理论纲》,载《人民检察》2010年第1期。

④ 张智辉:《法律监督三辨析》,载《中国法学》2003年第5期。

衡的理念，而中国的检察制度由于社会权力结构的差异，以权力监督和保障为自身的立足点，并依托人民代表大会的政治结构，从而使我国检察权的角色定位为检察监督权。①

二、关于公众参与司法研究

公众参与司法是司法改革的重要内容，学界对此也有较多讨论，总体可分为两部分：一是对理论基础的研究，二是多维视角下的研究。

（一）理论基础方面的研究

基础理论主要涉及对公众参与的正当性以及相关概念辨析，如胡铭教授批判了公众参与形式化问题，认为当前公众参与应在公众与精英之间寻求平衡，将一般正义观念引入司法领域，避免司法垄断，但是公众参与的正当性基础也应有一定限度，即尊重法官权威地位、不干涉法官适用司法和遵守正当程序。② 陈卫东以刑事司法为中心考察了公民参与司法的理论基础问题，提出当前"群众司法"政治司法色彩过于浓厚，应以公民参与司法取代之，他在对公民参与司法内涵解析基础上重点对公民参与司法的规范性与有效性进行论述。③ 关于公众参与司法基础理论的研究较少，但公众参与基本概念在社会学和政治学领域研究较为广泛，如王新松提出公民参与、政治参与和社会参与有较大区别，公民参与包括政治参与和社会参与，当前学术界所讲的公民参与更侧重政治参与，忽视社会参与，社会参与所关注的个体动机、社会参与对个体带来的影响等因素是政治参与所无法解释的。④

---

①　蒋伟亮：《国家权力结构中的检察监督权：理念与制度》，载《法学杂志》2007年第4期。

②　胡铭、邱士辉：《公众参与司法的正当性基础与实现路径》，载《安徽大学学报（哲学社会科学版）》2015年第4期。

③　陈卫东：《公民参与司法：理论、实践及改革——以刑事司法为中心的考察》，载《法学研究》2015年第2期。

④　王新松：《公民参与、政治参与及社会参与：概念辨析与理论解读》，载《浙江学刊》2015年第1期。

（二）多维视角下的公众参与司法研究

从不同视角下研究公众参与司法是近年来研究的新趋势，通过对公众参与司法的文献检索，发现总体上有以下三重视角：

1. 司法过程中的公众参与研究。陈道银认为，司法过程中的公众参与就是公众对特定案件判决的意见表达，互联网的出现给公众参与司法提供技术性基础，在这个基础之上司法不再是传统的只有双方当事人参与过程，参与主体应由社会各类群体和组织组成，通过有序参与、沟通表达等制度化建构实现司法民主化。① 汪明亮认为，我国刑事司法中公众参与形式多样，有的起着启动司法作用，有的则起到监督司法功能的作用，必须从公众参与的实际形态中分析司法参与的各种形式，才能发现不足与寻求完善对策。②

2. 网络环境下司法的公众参与。陈发桂对公众网络公众参与有较为系统的研究，他认为当前网络公众参与具有无序性和非理性的特点，其所形成的舆论压力不利于司法的良性运作，可以尝试建立网络行业协会、司法信息公开和回应制度等改变这种局面。③ 他在另一篇文章中还提出网络环境下所形成的司法民主倒逼机制与开放性司法机制有助于提升司法公信力，进而围绕“公众体验”提出庭审直播、裁判文书网上公开、民意收集与回应机制。④ 秦前红、李少文从社会治理角度提出过程控制与司法控制两种模式，对国家而言积极义务是信息公开和打击不良言论，消极义务则是保护公众的言论自由。⑤

3. 比较研究视角下公众参与司法。比较研究方面的起步较早，具备代表性的如熊秋红梳理了世界上公众参与司法的三种制度：公民法官制度、陪审团制度、参审制度，认为公民参与有助于司法活动

---

① 陈道银：《司法过程公众参与探析》，载《理论月刊》2011 年第 5 期。

② 汪明亮：《刑事司法过程中的公民参与》，载《人民司法》2012 年第 19 期。

③ 陈发桂：《司法民主化进程中网络公众参与的理性化建构》，载《湖北社会科学》2010 年第 8 期。

④ 陈发桂：《重塑信用：论司法公信力的生成——以网络环境下公众参与为视角》，载《学术论坛》2011 年第 8 期。

⑤ 秦前红、李少文：《网络公共空间治理的法治原理》，载《现代法学》2014 年第 6 期。

的程序公正与实体公正,我国人民陪审制度应明确陪审案件范围、陪审员资格与其权力义务等。[①] 徐莉考察了日本刑事程序中公众参与制度,认为日本检察审查会主要弊端在于审查决议没有拘束力,陪审制也未能获得公众认同,其原因主要在于公众参与的动机不纯、对现代日本法没有清晰定位、法律移植未兼顾本国国情等,这为我国人民监督员制度与人民陪审员制度提供了经验和教训。[②] 胡铭以刑事错案纠正为引,通过江国庆案、"恐龙法官"等事件为例证,认为民众参与对纠正错案、监督司法、赢得司法信任都有直接关系,是刑事司法改革的前进方向。[③]

三、各项检察权能结构中公众参与问题研究

(一)关于公诉权中的公众参与问题研究

公诉是检察机关的核心职能,无论是在中国还是西方国家,防止公诉权滥用都是公诉制度的重心。学界对于防止公诉权滥用的一般研究主要从两个视角展开:一是比较研究视角。如谢小剑认为限制公诉权滥用应通过公众参与公诉来实现,美国大陪审团制度适用于公诉案件提起的审查,日本刑事审查会制度则适用于已生效的不起诉审查,我国人民监督员制度是针对职务犯罪案件的审查,通过比较他提出要强化人民监督员独立性、做好经费保障工作等措施。[④] 二是在拟不起诉案件中引入公众参与制度,扩大诉讼民主范围。如杜坤瑾认为不起诉案件缺乏公开透明性,有违公正之嫌,如若将听证制度引入对拟不起诉案件审查,有助于提升检察公信力,他从基本原则、听证程序、立法、制度等方面提出系统构想。[⑤]

(二)关于侦查监督中的公众参与问题研究

侦查监督中的公众参与研究集中在审查逮捕的公开审查制度

---

① 熊秋红:《司法公正与公民的参与》,载《法学研究》1999 年第 4 期。

② 徐莉:《日本刑事程序中国民参与司法制度的反思与借鉴》,载《法学杂志》2011 年第 2 期。

③ 陈卫东:《公民参与司法研究》,中国法治出版社 2011 年版,第 178 ~ 186 页。

④ 谢小剑:《民众参与公诉权行使评析》,载《法治研究》2008 年第 10 期。

⑤ 杜坤瑾:《建立不起诉案件听证机制的思考》,载《中国检察官》2017 年第 4 期。

研究方面,而且主要居于实务界研究较多,通过知网以“审查逮捕+公开”字段检索,1998年至今仅有77篇类似文章,发文量较少。如上海检察院课题组在探索逮捕案件公开审查机制经验基础之上,提出应以审查逮捕司法化为中心,以司法责任制和办案场所改革等措施为辅助吸收公众参与审查。[①] 陈荣鹏提出侦查监督公开审查是克服“社会危险性”主观判断的有效方法,引入公众判断,可以减轻办案压力和增强案件透明度,减少社会矛盾。[②] 尚爱国也认为,听证式审查体现了审查逮捕的司法属性,符合司法民主的主流趋势,但是在制度价值上需平衡公正与效率的关系、公众意见与办案意见的关系。[③]

（三）关于审判监督中的公众参与问题研究

审判监督的功能在于纠正判决的错误和预防法院裁判错误的发生,检察机关作为监督主体之一在维护裁判权威方面起到重要作用。刘晓英认为审判权来自人民,必须受人民监督,他从权利制约权力角度分析了如何对制约审判权的问题,提出了权利是权力的根据也是权力的界限等论点。[④] 何家弘从20个错案的判决入手,发现律师介入不足、自我纠错机制缺陷是造成申诉再审困难的主要原因,提出要改变这一现状,必须改良合议庭的组成模式,建立中立的刑事复查机构。[⑤]

（四）关于执行监督中公众参与问题研究

刑事执行是实现裁判价值的最终方式,也是检察机关法律监督的落脚点。鲜有学者以公众参与为切入视角对比进行论证,大多集中在派驻监狱检察室研究方面。如高一飞认为执行监督具有滞后性、主动性不足的问题,为了改善执行监督权效能不足,可吸纳公众

---

① 周永年:《审查逮捕案件公开审查机制探索》,载《人民检察》2016年第23期。

② 陈荣鹏:《侦查监督案件公开审查的价值分析》,载《人民检察》2016年第18期。

③ 尚爱国、张炳琪:《听证式审查逮捕工作机制的建立与完善》,载《人民检察》2015年第18期。

④ 刘晓英:《对刑事审判权制约的思考》,载《政法论坛》1997年第1期。

⑤ 何家弘、刘译矾:《刑事错案申诉再审制度实证研究》,载《国家检察官学院学报》2015年第6期。

参与到执行监督中。[①] 钱列阳从社会矛盾化解角度认为有效化解矛盾既是立法问题也是司法问题，更与公众参与有关，对于监管机构的监督无论是交由司法机关还是保持现状都不是保障在押人员合法权利的最终解决办法，而建立一项“民间监督机制”可将社会矛盾进行有效控制。[②]

第三节　研究述评

以“公众参与检察”为字段在中国知网进行检索，仅有 107 条文献资料，可见整个学界对于检察机关的公众参与研究较少，尚不足以形成体系化研究。公众参与检察却在实践中大量存在，理论与实践的脱节某种程度上制约了检察民主的发展。尽管上述学者的研究在各个领域都涉及了公众参与问题，但却未有一文对检察监督中的公众参与做详尽和深入的讨论。总的看来，关于公众参与的研究现状有以下三个特点。

（一）对检察权属性与功能的认知偏差

传统的“立法—司法—行政”权力结构的分析框架无法成为公众参与检察监督的逻辑起点，根本原因在于公众参与检察的核心是对检察权的功能参与，上述司法权、行政权或法律监督权的分析范式无法反映出检察监督的社会属性，它实际上是以检察权能结构中的某项具体权能性质作为切入点，进而讨论检察权到底是何种权力性质，属于“还原论”分析范式，具有片面性。我国宪法将检察机关定位为法律监督机关，并非指检察机关的性质就是法律监督，而是指检察机关履行的职权具有法律监督功能，应从“整体论”视角将属性与功能进行区分。检察机关所有权能均能展现出法律监督功能。本书以公众参与为题切入检察机关职能，核心论点在于公众参

---

① 高一飞、曾静：《我国派驻监狱检察制度改革的观察与反思》，载《时代法学》2017 年第 6 期。

② 钱列阳：《关于社会矛盾化解的法律思考——兼论司法过程的公众参与》，载《法学杂志》2011 年 S1 期。

与具有权力制约与民主监督之功效,与当前检察机关法律监督功能中的制约与民主因素缺失恰相补足。检察权是对检察机关所有职能的概括称谓,语义性质上具有客观性与中立性,难以展现公众参与检察的双重效能。需要补充说明的是,为了论述的规范性,公众参与检察机关法律监督符合宪法文本的称谓。[①]

(二)公众参与司法研究内容过于单一

大多数学者在论述公众参与司法时隐含了司法就是法院裁判活动这一前提,甚至有学者称公众参与司法就是参与审判、行使审判权,公众参与审判的研究主要集中在人民陪审员制度上,大大限制了公众参与司法的理论视野。不可否认,理论上的司法权有广义与狭义之分,如陈瑞华教授就认为狭义上的司法权就是裁判权[②],但是从司法权的本质含义上看,司法就是对事实与法律的判断、裁判活动,尤其在社会治理视域下,司法权参与社会治理不仅仅是对审判权的参与,检察权也有判断权属性。除此之外,检察权还具有主动性和积极性特征,这是审判权所不具备的。公众参与检察监督更符合司法权参与社会治理要求。从逻辑上讲,人民陪审员制度被奉为公众参与司法的形式,而将人民监督员制度排除在公众参与司法范畴之外难以令人信服。

(三)公众参与检察机关法律监督研究对象较为狭隘

检察监督的公众参与体系建设源自具体检察权能中公众参与的制度与实践,如申诉案件公开审查制度、审查逮捕公开审查制度等。当前学界对公众参与检察监督的研究大多拘泥于某项具体的权能,较少地对整个公众参与检察监督体系进行整体建构。最高人民检察院于2000年通过了《人民检察院刑事申诉案件公开审查程序规定(试行)》,但近二十年来该项制度却未见有所起色,这难以说与理论研究不深入不无关联。单纯地在某项职权中探索公众参与制度已然不能满足公众参与的需求,应当从公众参与检察的理论

---

① 本书所称检察监督与检察机关法律监督作同义理解,不具有其他含义。

② 陈瑞华:《司法权的性质——以刑事司法为范例的分析》,载《法学研究》2000年第5期。

基础出发，以原则、机制为构架的前提下做深入讨论，才会对检察实践产生启发性，当然这也是本书努力的方向。

第四节 研究方法

一、概念分析法

本书从法律监督、公众参与、检察机关法律监督中的公众参与的内涵予以解读，通过整体论视角的转换明确了基础概念，在论证时还努力保持概念的前后同一性。

二、历史分析法

本书系统梳理了公众参与的形成与发展、检察民主的历史进程，从中汲取历史带来的宝贵经验，克服以往单从规范、实证角度研究公众参与的片面性。

三、比较分析法

本书对西方国家公众参与理论与中国公众参与理论相比较，找出其中的差别，为公众参与检察监督的论证做铺垫，同时还在检察权能结构中对美国、日本等国家的实践进行比较分析。

四、实证分析法

本书运用了大量的实证资料来论证公众参与检察监督的实践基础，还充分利用网络资源，从外部与内部网络择取相应的统计数据与案例，充实了实践基础。

五、交叉学科研究方法

本书将社会学、管理学、经济学、政治学等理论研究成果运用于论证过程，如运用权能激发理论来分析公众参与的源动力问题、运用犯罪学中的人身危险评估工具作为公众参与刑事执行监督的媒介等。

第五节 主要创新点

一、从理论上实现公众参与从行政到检察机关法律监督的拓展

公众参与的理论研究大多停留在行政领域,如城市规划、行政决策、环境保护等。公众参与理论虽起源于行政民主,但若将行政视角下的公众参与理论运用于检察监督领域则必然面临理论的不融合。本书以司法为转接,认为行政权与司法权虽然属于不同性质的权力类型,但是在人民代表大会制度下并非完全不相容,二者在民主价值的层面上能够达成一致。另外,程序性是司法与行政的又一共性特征,裁判本身就是决策的一种类型,无论行政还是司法都应以程序性作为衡量正义的标准。从司法到法律监督的理论纵深需回归对司法与法律监督甄别上。通常认为检察机关的法律监督不仅带有司法特质,还包含了监督的特质,公众参与检察监督除了需符合公众参与司法的共性特征以外,还需符合检察监督的特殊性,具体来讲,就是公众不仅要参与检察机关的诉讼活动,还应参与检察机关的法律监督活动,即包含了参与司法和参与监督的蕴意。

二、提出公众参与检察机关法律监督制度设计的原则、机制,划定了公众参与检察的限度

不同于以往学者直接论及公众参与司法具体制度的论证模式,本书通过原则、机制、限度三个角度建构公众参与的整体框架,契合一般政治设计应当遵循的路径。根据公众参与检察监督的特征,从制度设计到制度运行共设计了实践原则、试错原则、自决原则、渐进原则四种原则,根据这些原则又建立了四样机制,即权利机制、决策机制、监督机制、激励机制。公众参与检察机关法律监督是二者在一定范围内互动的过程,在这个过程中双方均应遵守各自的底线,就公众的角度而言,就是参与活动的底限与上限。通过对公众参与与司法民主、依法独立行使检察权的双重关系进行解读,本书认为独立性与有序性共同划定了公众参与检察机关法律监督活动的界限。

三、通过类型化的方式构建了具体检察权能结构中的公众参与制度

本书首先在公众参与视域下按照一元论的标准将法律监督权划分为公诉权、侦查监督权、审判监督权、执行监督权，又根据不同监督权能的特征与实践运行的症结，做出具有针对性的制度建构尝试，如公诉权的核心是拟不起诉裁量权，公众参与制度也应围绕检察机关的拟不起诉权作出制度设计，由此提出在继续完善《不起诉案件公开审查规则》的基础上，从打造检察官与公众利益共同体、强化指标考核、立法修订三方面进行建构。对侦查监督而言，需对其做诉讼化改造，建立多元化的侦查监督模式。对审判监督而言，可以纠错为核心建立刑事复查委员会制度。对执行监督而言，根据监禁刑与非监禁刑不同特征，分别建立人民巡视员与人身危险评估制度。

四、提出公众参与检察监督的法治化方式

法治化是我国政治体制改革的宏观目标，公众参与检察监督必须接受法治化考量。本书尝试从实施路径与配套措施两方面对法治化路径提出思考。在实施路径方面，应首先建立科学的立法模型，严格遵循法律授权，在正当程序的规制下实施改革；在配套措施方面，应从实证角度重点讨论当前检察官绩效考核体系的缺陷，提出公众参与指标纳入检察官绩效考核体系的构想。其次，我们应通过司法理性对公众理性加以引导，促使公众参与行为的法治化和司法权参与社会治理的法治化。最后，对信访制度的改造可为公众提供监督与救济的途径。本书从行政化治理模式的弊端切入，提出行政机制所谓的“整治代疏解”无法应对信访危机，进而以检察监督与信访的共生价值、属性接洽、平台架构为切入视角，对信访纳入法律监督权视野作出可行性论证，实现公众参与的监督与救济法治化。

第一章　检察机关法律监督与公众参与

第一节　公众参与检察机关法律监督释义

一、公众参与视角下检察机关法律监督的界定——基于整体论的解读

随着国家监察体制改革的深入，检察机关的职务犯罪侦查权转隶至监察委员会，其法律监督的性质、定位及权能等问题重新进入学界讨论视野。检察体制改革将何去何从，理论界和实务界仍在不断争论。在此背景之下，笔者试图从整体论视角对当前政治体制改革背景下检察法律监督的内涵予以解读，以求厘清检察机关在国家权力结构中的特殊地位，也为下文论证提供逻辑上的立足点。

（一）关于法律监督的理论论争

关于检察权的性质之争是一个历久弥新的话题，随着政治体制改革和司法体制改革的深入，对于法律监督的概念及检察权与法律监督之间关系等问题都需要进行重新审视。关于检察权性质理论的争议，学界大致有下列四种观点：

1. 行政权说。该观点认为检察权属于行政权，核心理由是检察机关的组织活动遵循的是“检察一

体制”原则，上下级检察机关之间是领导与被领导关系，上级检察机关对下级检察机关享有“指令权”。检察权行使过程所体现的主动性、非中立性、非终局性等特征与立法权、司法权不相兼容，检察官的主要职能是对犯罪的追诉与指控，带有明显的主动性和程序性特征，而犯罪与否最终取决于法院裁判。因此，检察权体现了完全的行政权性质特征。

2. 司法权说。该观点认为检察院同法院一样，都属于司法机关，行使的权力均为司法权。核心理由是法官与检察官所履行的职责具有“近似性”，即二者都力图查明事实和作出法律判断，检察机关的起诉与否类似法院的罪与非罪的判断。我国司法体系是由侦查、检察、审判、执行权构成的统一整体，诉讼是检察机关的核心职能，司法与非司法的区分应以是否承担国家诉讼职能为标准。

3. 双重职权说。核心观点认为检察权虽源于行政权，但是又与司法权具有天然的联系，因此检察权具有司法权与行政权双重属性。这种观点实质是行政权说与司法权说的融合。

4. 法律监督权说。法律监督权说是当前学界的主流观点，该观点认为我国的检察权是独立的法律监督权。核心论点认为人民代表大会制度是我国的根本政治制度，检察权自从产生以来就打上了中国特色的烙印，是人民代表大会制度之下与行政权、审判权等并列的国家权力。法律监督基本上囊括了所有的检察职能，应当坚持法律监督一元论。换言之，检察权的所有权能以及性质都应归于法律监督权。

我国《宪法》第 134 条规定：“中华人民共和国人民检察院是国家的法律监督机关。”而后第 136 条又规定：“人民检察院依照法律规定独立行使检察权，不受行政机关、社会团体和个人的干涉。”该条文用两个不同的概念来描述检察机关性状，使检察机关在国家权力体系中的定位不清，学界关于何为法律监督的争议也较大，直接或间接地影响了我国的检察制度。

（二）整体主义范式下检察权属性与功能的区分

通过视角的转换不仅能够破解当前关于法律监督理论的种种争执，还为准确解读法律监督的内涵提出方法论贡献。近些年来，已经有众多学者认识到视角转换的重要性并提出了开创性的建议。如程雪阳透过本质主义的思维路径，认为固守一事物仅仅拥有一项本质的思维是一种片面的理解方式，“当真正遇上检察权这种具有双重属性的权力时，则会基于某种理论的偏好对其进行裁剪，进而使其符合自己心中理想的权力模式——无论是司法权说、行政权说还是法律监督权说，实际上都是这种思维的体现”①，检察权既具备行政权属性又具备司法权属性，关键是看其从事何等职务。

当前学界的争论大多囿于通过检察机关具体职能分析各项权能的属性，进而界定检察权的性质。如司法权属性论者的基本逻辑是：检察机关的主要职责是犯罪追诉，公诉权是检察权的核心，公诉具有司法性质，司法是以诉讼形式进行的执法，因此，检察权主要体现为司法权属性。法律监督权论者也遵循同样的逻辑，如石少侠教授通过对检察权每一项权能的解读，认为“检察权的所有权能中都蕴含着法律监督的属性，在检察权的每一项具体权能中都体现着法律监督的实质，都是法律监督权的具体表现形式，法律监督的权能与检察权的权能完全同一”②。

以上论者的推理范式带有较为明显还原论的倾向③：分析检察

---

① 程雪阳：《本质主义法学、法律监督理论与检察权本质》，载《江苏警官学院学报》2008年第5期。

② 石少侠：《我国检察机关的法律监督一元论——对检察权权能的法律监督权解析》，载《法制与社会发展》2006年第5期。

③ 还原论主要体现在方法论与认识论之上，是揭露整体与部分研究范式的基础理论，借用奥本海默与普特南对还原论所做的经典表述：(1)一个很好展开的还原概念[由科曼尼(Kemeny)和奥本海默所定义]相容于部分—整体关系(微观还原)；(2)一种由不同科学分支描述不同层次实在的有序。特定层次上的事物是由邻近较低层次上的更简单的元素所组成；(3)一个基于物理学基础(最基本的科学层次)之上的科学统一方案。这一方案是反活力论的，总体上比知识论更形而上学化；(4)有经验支撑的宇宙进化中的信念。在宇宙的进化过程中，某一给定层次上的对象结合成较高层次上的整体。时间上较晚出现的事物可以依据时间上较早的事物和过程来说明。参见刘劲杨：《论整体论与还原论之争》，载《中国人民大学学报》2014年第3期。还原论是一种哲学观点，主张分析某一层次现象，都可以从次级层次的各个部分性质及之间关系中获得解释。按赵光武教授的理解，还原论就是用部分说明整体、用低层次说明高层次，把部分、低层次的东西弄清楚了，把他们叠加起来就是整体的面貌。参见赵光武：《用还原论与整体论相结合的方法探索复杂性》，载《系统辩证学学报》2003年第1期。

权的性质,应当对检察机关所拥有的全部权能进行解构,寻求其中最主要的,或者说起决定性作用的权能为基点,将其他权能比照基础权能的性质予以阐释,最终得出检察权的性质。这种分析范式在简单系统中或许可行,但是检察制度的构成具有高度的复杂性,无法从单个或几个权能为切入点进行权属界定,况且理论界与实务界对检察权的内部结构性要素的研究仍处于初步探索阶段,检察机关各项权能也面临重新配置,从还原论角度界分检察权难度较大。

相比之下,整体论为我们阐释检察权提供了较为科学的分析范式。整体论(Holism)是由斯穆茨(Jan Smuts)创造的,具体含义是指"宇宙中制造或创生整体的根本作用要素(fundamental factor operative)"①。整体论反对通过部分性质认识事物整体性质,它认为整体的性质大于各部分性质之和,整体的属性决定了部分的属性,通过对整体的观察有利于对事物性质进行更好的分析与整合。万毅教授在思考法律监督的意指时提出:"法律监督是对检察机关行使权力所要达到的功能和目的的一种整体描述和定义。它解决的是检察权的功能问题,不解决检察权的构成和内容问题,因此,不能将检察机关的法定职权分解成一项一项的权力,然后去质问,某一项权力究竟是不是法律监督权。"②这种认识论符合整体论思维范式,即将检察权的功能与构成分开检视,认为法律监督是对检察机关功能的整体描述,不能通过分解检察权的方式理解法律监督。所谓法律监督,就是指检察机关行使职权应具备的功能,法律监督与法律监督权有着本质的差别,二者不能划等号,这也正是《宪法》第134条和第136条称谓不同的原因所在。

检察权是检察机关的权力结构的总称,正如审判机关的权力称之为审判权一样,法律监督是一个功能性概念。从整体论思维范式出发,不能将功能与属性混同,应当从整体上理解法律监督机关的内涵,因为检察机关各项权能的属性差异而否认其法律监督的功能

---

① J. C. Smuts, *Holism and Evolusion*, New York, The Macmillan Company, 1926, p. 23.

② 万毅:《法律监督的内涵》,载《人民检察》2008年第11期。

是将属性与功能混同的表现，检察权的各项权能的具体构造当然不会影响法律监督整体功能的实现。

（三）检察权的人民性——公众参与的逻辑起点

检察权的功能即法律监督，那么对检察权性质的研究是否就无意义呢？本书认为，检察权性质研究核心意义当与检察权改革目的相关联。作为法学视角下的研究，对检察权性质探讨必须回到宪法文本中，在此基础之上设计的改革方案才可称为“于法有据”。

我国《宪法》第134条规定：“中华人民共和国人民检察院是国家的法律监督机关”。宪法以明示确认的方式将法律监督职权赋予检察院，但这绝不是说法律监督就是检察权的目的。法教义学者提出：法律必须依照其目的来解释，而这些目的需要就其对于社会生活的影响来探究，因此法律的理解与适用不能脱离对社会现实的社会学研究。[①] 在实践中，检察体制改革偏向对法律监督范围的扩充，忽略了检察权人民性的本质，实为对《宪法》第134条规范之误读，我国检察权在产生、配置、运行等环节均体现了人民性特征，其改革理应以人民的利益实现为根本目的。因此，我们有必要重新审视宪法文本，明确宪法赋予检察权人民性的基本立场。

我国宪法文本对检察权人民性进行了两次确认。

第一，通过人民民主制度逻辑的确认。

我国《宪法》第2条确立了人民主权原则，并通过人民代表大会制度形式将该原则制度化和实质化，其表明了中华人民共和国一切权力都源自人民授权，人民借助人民代表大会制度进行国家权力的授权与分配的权力逻辑。《宪法》第3条中还明确国家的行政、监察、审判、检察机关均由人大产生，对其负责，受其监督。这一民主制度构造将国家权力通过人大制度转换成人民主权的常规逻辑，即表现为人民通过民主产生国家权力，国家通过民主集中制将权力二次划分为行政权、监察权、审判权、检察权、军事权等，从而实现人民掌握国家一切权力的之目的。这种民主集中制契合宪法中社会主义制度本质特征的规范。有学者提出：“国家政权组织制度决定各

---

① 雷磊：《法教义学的基本立场》，载《中外法学》2015年第1期。

种国家机关之间的相互关系，也就是说，决定国家机关在整个国家机构体系中的地位和作用。”[①]人民民主专政的社会主义根本制度决定了我国实行人民代表大会的政权组织制度，人民代表大会制度又决定了检察权的性质。我国宪制安排决定了检察权源自人民授权，检察民主系人民民主之构成，人民检察院代表国家行使法律监督的实质是代表人民进行法律监督，忽略这一检察民主的宪法逻辑，实质上是对人民民主具体适用的违背。

近些年来，随着公益诉讼改革持续推进，国家追诉主义在实践层面得到强化，一味强调检察机关公益诉讼人的身份却忽视了国家公益与人民利益一致性，这实际上是违背人民主权原理的[②]。即便以宪法约束与制衡为立宪核心的英美法系国家，“以分权制衡为核心的宪法安排对于人民的自由来说只是‘辅助性的预防措施’，最根本的还是‘依靠人民’”[③]。人民监督涵盖了法律监督，法律监督不能脱离人民监督而独立存在，法律监督不是目的，而是实现检察权人民性之媒介，法律监督各项权能也并非工具，而是实现检察权人民性之方法。

人民主权原则确立了检察权人民性的本质属性，这是宪法规范对检察权人民性的第一次确认。

第二，通过检察机关宪法地位进行文本确认。

我国《宪法》第134条规定：“中华人民共和国人民检察院是国家的法律监督机关。”第136条规定：“人民检察院依照法律规定独立行使检察权，不受行政机关、社会团体和个人的干涉。”这两条规范确立了检察机关的宪法地位以及所被赋予的监督职权。“严格和最为宽泛的意义同等地寓意于字面之中，可被恰当地认为不出于其目的。在正常情况下，文字之内已经蕴含了宪法目的，不得脱离文

---

① 周叶中：《代议制度比较研究》，商务印书馆2014年版，第170页。

② 许多学者基于检察机关国家公益代表理论对现行公益诉讼改革予以评析，忽略了检察官“人民代理”之身份，转而以“国家代理”自居，如陈瑞华教授论及检察机关法律职能转变时，将检察机关定位为“国家利益和社会公共利益的维护者”，参见陈瑞华：《论检察机关的法律职能》，载《政法论坛》2018年第1期。

③ 姜峰：《多数决、多数人暴政与宪法权利——兼论现代立宪主义的基本属性》，载《法学论坛》2011年第1期。

再造宪法目的。"[1]通过规范分析，我们可以发现宪法再一次确认了检察权的人民性特征：

1. 检察机关的称谓确认了检察机关人民性特征。检察机关的称谓与法院一样，以"人民"二字作为前缀，与人民代表大会、人民政府在形式上相统一，但是反观宪法对监察机关的文本表述："中华人民共和国各级监察委员会是国家的监察机关"，对监察机关的冠名则是"国家"。从权力功能之间的差异性可窥视这种称谓不同的原因。国家监察体制改革之初，有一批学者对其拟用称谓产生质疑，核心观点在于国家监察委的称谓与由人大产生的其他公权力机关不协调，提出在宪制层面上应改称"人民"监察委，如李洪雷发文专门对将国家监察委改为"人民监察院"作出说明，其理由主要是采取此种命名方式可以凸显监察机关的人民性，符合人民代表大会的政体，否则无法体现监察机关人民性。[2] 诚然，机构改革要求机构名实相符，但是这个"实"并非指机构的性质，因为《宪法》总纲中明确确立了人民主权与民主集中制原则，且将人民利益贯传始终，因此以人民性和人民利益作为称谓变更的理由实难证立。

所谓"名与实"中的"实"当解读为国家机构的职能。司法的职能在于维护社会的公平正义，恪守司法为民理念，其司法权力主要指向为国家权力体系以外，即具有外部指向性；行政体制改革旨在提升行政服务水平、建设人民满意型政府，即通过行政权解决国家和社会发展相关事务，它的权力同样具有外部指向性。而监察权则不同，监察权系国家权力体系结构行使专门监督的权力，根本目的在于"完善人民代表大会制度下行政权、监察权、审判权、检察权的国家权力结构，通过国家权力结构体系的发展实现国家治理体系和治理能力现代化"[3]，权力指向于权力体系内部，具有明显的内部指向性。由此可作设想，权力指向不同是冠名差异的原因之一，以"人民"为前缀称谓的机构权力指向均为权力体系外部，旨在保障公民

---

① 郑贤君：《检察权的人民性：公诉权核心论的宪法学沉思》，载《首都师范大学学报（社会科学版）》2019 年第 3 期。

② 李洪雷：《论我国监察机关的名与实》，载《当代法学》2018 年第 1 期。

③ 徐汉明：《国家监察权的属性探究》，载《法学评论》2018 年第 1 期。

权利,如司法为民、行政为民等,而以"国家"为前缀的国家权力指向权力体系内部,旨在控制公权力,如审计监督、监察监督。另外,国家监察委员会与人民检察院称谓不同所体现的改革方向必然有所不同,检察体制改革立足于代表人民利益行使法律监督职责,监察体制改革则以提升党的执政能力、国家治理能力和完善权力监督体系为核心,力求促使国家机关依法、依规行使权力。

2. 检察权的"国家"语义特征确认了其人民性属性。所谓"国家"的法律监督部门应如何解读,学界有较大分歧。郑贤君教授撰文对此有专门论证,其文认为以人民利益对不同利益概括将比较周延,具体逻辑大体为:宪法上利益分为国家利益、社会利益、集体利益和他人合法权益,检察机关如果仅代表国家利益,剩余三种利益则无法涵盖,明显违背该宪法规范目的,而人民利益则可囊括上述所有利益。[①] 这种分析看似有理,但是其犯了传统解释学的误区,即试图创造一个更高级概念来穷尽所有。另外,"公共利益"与"私人利益"的区分标准是利益性质不同,"人民利益"则是根据利益主体所作出的区分,以"人民利益"涵括其他所有利益类型同样难以做到逻辑上周延。因此,这种分析范式所得结论可能正确,但缺乏证明能力。

对检察权人民性的论证,应当回归《宪法》第 134 条中"国家"一词的解释层面。检察机关代表国家行使法律监督权,那么代表客体是国家的"权力"还是"利益",或是其仅仅作为"代理人"身份呢?检察权代表客体是否如郑贤君教授所言"指代不明"呢?通过细致分析,本书认为宪法已有明确指代含义。我国宪法明确国家保护的对象有两类:权利与利益。如《宪法》第 18 条:"……它们的合法的权利和利益受中华人民共和国法律的保护",第 48 条:"……国家保护妇女的权利和利益",第 51 条:"……不得损害国家的、社会的、集体的利益和其他公民的合法的自由和权利"等,以规范分析进行审视,表明检察权是国家权力体系构成之一,当以权利和利益为保护

① 郑贤君:《检察权的人民性:公诉权核心论的宪法学沉思》,载《首都师范大学学报(社会科学版)》2019 年第 3 期。

对象。《人民检察院组织法》第 2 条也明确指出检察权应“维护个人和组织的合法权益,维护国家利益和社会公共利益”。所谓权利,侧重于检察权对个体公民的保护,而利益则偏向对国家公益的保护,虽说保护对象不同,但是权利必须以一定的利益为前提,权利是课予他人义务的利益,检察权保护的权利以检察权代表的利益息息相关。进而分析检察权从属的利益指代对象问题,按照罗斯科·庞德(Roscoe Pound)解释,利益表现为人们某种需求[①],需求是利益的一般前提,表现为“不满足或侵害某个利益的程度”[②]或主体依据一定标准对客体的特定评价,即价值。宪法中的主体性需求即是公民需求,也可称为人民的价值需求。根据我国新时期社会发展的主要矛盾判断,是否满足人民对美好生活的向往需求是评价权力价值实现的根本标准,这种需求转化为宪法语言即公民对权利需求,那么检察机关法律监督作为国家的法律监督部门就应以人民的权利需求为根本出发点,此为“国家”一词的真正指代。

通过上文论述可试做以下结论:检察机关所代表的是权利与利益,权利本身就可表征为一定的利益,而利益是主体对客体的需求,即人民对权利的需求,这种需求要求检察机关行使法律监督权,保障人民的权利,《宪法》第 134 条的“国家”本质上是对检察权人民性的确认。

这是宪法对检察机关人民性的第二次确认。

综上所述,本书将法律监督界定为检察机关的整体功能,检察权的人民性是论证公众参与检察监督的逻辑起点。所谓公众参与检察机关的法律监督,是从整体上实现检察机关法律监督之目的,而非直接参与到检察机关所有的具体权能中,例如,检察机关的案件管理监督,是针对系统内部案件的受理、审查、管辖及流转部门的,公众能够通过案件信息公开等其他方式参与到对案件的监督活动,因此公众参与的意义与必要性不大。具体上哪些职能应当吸收

---

① [美]罗斯科·庞德:《法理学》(第 3 卷),廖德宇译,法律出版社 2007 年版,第 18 页。

② Robert · Alexy, *A Theory of Constitutional Rights*, translated by Julian Rivers, New York, Oxford University Press, 2002, p. 102.

公众参与以及公众参与程式、机制等问题在下文会做详细论述。

二、检察机关法律监督视野下公众参与的内涵

(一)公众参与的基本概念

概念是理论体系建构的基石,对概念的科学界定能够帮助人们清晰地理解某一理论内涵,"科学的理论体系本质上就是一个由概念构建起来的有机体系,人们学习、研究一种新的理论、新的学说,实际上就是在学习和研究它的核心概念体系。理论的形成过程是概念辩证运动和发展的过程"①,理论的形成就是概念的发展与延伸,故厘清"公众参与"是必需的。

公众参与是一个复合概念,是由"公众"和"参与"两个词组构成。

"公众"基本含义是指一般民众、大众,即除自己以外的其他人。与"公民"相比"公众"更加强调人的社会性,多用于指代群体。"公众"概念的内涵与外延具有模糊性,一般很少在法律条文中使用,如新颁布的《民法典》仅有两处用到了"公众"概念,在第 648 条第 2 款规定,"向社会公众供电的供电人,不得拒绝用电人合理的订立合同要求",第 1017 条规定,"具有一定社会知名度,被他人使用足以造成公众混淆的笔名、艺名、网名、译名、字号、姓名和名称的简称等,参照适用姓名权和名称权保护的有关规定"。《刑法》中也仅在非法吸收公众存款罪中较为明确地使用了"公众"的概念。

"参与"是一个行为概念,《现代汉语词典》将其解释为:"参加(事务的计划、讨论、处理),参与其事",即加入某项活动中去。"参与"与"公共"密不可分,公共是主体性参与的基础要件。阿伦特(Hannah Arendt)将公共性看做世界本身,她用比喻恰当地说明了"公共"的形状:共同生活在世界上,从根本上意味着,事物的世界处于共同拥有这个世界的人之间,就正如一张桌子被放置在围着它坐在一起的人之间一样;世界像每一个中间事物一样,都同时将人联系起来和分离开来。人是群体性动物,参与是人介入社会的一种

---

① 王广禄:《学术研究不能在概念中"翻跟斗"》,载《中国社会科学报》2015 年 6 月 3 日,第 1 版。

方式(或者是存在方式),是作为个体的人与作为公共的社会之间进行联系的某种行为。

公众参与在实践中更多地作为一个学术概念而使用。例如,在国家行政事务所涉及的公众参与社会治理、公众参与政府决策等,正式法律规范中较为少见,唯一可见的是在2015年施行的《环境保护法》第5条确立的公众参与原则及第五章公众参与环境影响评价及提起环境公益诉讼制度。对应的,公众参与的概念大多是由行政法学界来界定,如王文革认为,"公众参与就是公众及其代表以主体身份参与到公共权力运作中,使各方代表能够在阳光下,充分表达自己的利益诉求,形成利益博弈,达到资源的优化配置的一种形式"①,徐文星认为公众参与就是"公民有目的的参与和政府管理相关的一系列活动"②。学界关于公众参与的客体主要是指政府决策及管理的相关活动,这种界定方式一定程度上限制了公众参与理论在其他领域的发展。

本书认为,公众参与应作广义理解,不只限于行政领域,在政治、立法、司法、法律监督方面也有大量公众参与的实践。如公民参与选举、公民参与立法听证、人民陪审员、人民监督员制度等,公众参与公共生活的深度随着民主化程度的提高而逐渐加深,所以只要是能够影响公共生活的行为,都应该纳入公众参与的范畴。

(二)公众参与的功能与价值

公众参与作为民主政治形式之一,起着调节国家与社会关系的重要作用。虽然公众参与并不必然引起决策的变更,但是决策过程中的"感同身受"能够增加公众对政治决策的认同,从而在执行决策时更能获得公众支持和理解。公众参与的功能与价值主要体现为政治民主与公民权利保障两方面。

1. 公众参与是政治民主化的需求

宪法是民主化的事实,我国《宪法》规定了中华人民共和国一

---

① 王文革:《环境知情权保护立法研究》,中国法制出版社2012年版,第182页。

② 徐文星、刘晓琴:《21世纪行政法背景下的公众参与》,载《法律科学(西北政法学院学报)》2007年第1期。

切权力属于人民,人民有权利依照法律规定和通过各种途径管理国家社会事务。判断政治民主化程度的一个重要指标就是公众直接参与的程度,公众参与公共事务领域越广泛,相对应民主化程度就越高。审视当今世界各国,无论他们对民主的理解差异有多大,却无一不把公众参与管理国家事务写进其宪法中,并且不断地扩大公众直接参与政治领域的范围。

政府治理的前提是政府掌握社会公众的需求,否则就无法"对症下药"。公众参与实际上为政府与公众互相交流提供了平台,在这个平台上,公众为了维护自身利益,向政府表达相应的诉求,促使政府在做决策时将公众利益纳入考量之中,也正因如此,"参与决策的人们更有可能支持那些制定与执行那些决策的机构"①。欧洲的许多国家普遍建立了系统的公众参与行政决策程序,如英国在布莱尔政府时期建立的政府咨询工作制度,通过组织指导公众开展咨询活动,将收到的公众意见进行分析,作为政府进一步决策的参考依据。

2. 公众参与有利于保障公民权利

我国在2004年《宪法》第四次修改时,将"国家尊重和保障人权"写入《宪法》,可见国家对人权的重视程度。人权是公民权利的核心,国家有义务为公民参与社会管理提供各种制度保障。

公众参与是保障公众知情权的需要。知情是权利行使的前提,如果要公民参与国家公共事务的管理,就必须让其知晓政务信息和决策内容,否则就不会有公众参与的后续行动。知情权的行使对应的国家保障义务,公众获取信息的方式具有被动性特征,决定权一般掌握在政府手中,政府作为公共事务的管理者在信息获取上具有先天的优势,政府信息公开的范围和深度直接关系着公众参与的程度。所以从权利保障层面上看,必须为公众提供多种了解信息的途径,为下一步公众参与制造可能。

公众参与是保障公民监督权的需要。宪法规定我国公民对国家机关及工作人员有权提出批评建议,对违法行为有权举报和控

---

① [美]珍妮特·V. 登哈特、罗伯特·B. 登哈特:《新公共服务:服务,而不是掌舵》,丁煌译,中国人民大学出版社2004年版,第48页。

告。权利在制约权力方面具有天然的优势，公民监督是法治社会的必备要素之一。公众参与恰好提供了这样一个平台，使公民权利制约公权力成为可能。政治的合法性基于人民性，通过人民监督来实现对公权力的制约，增强政治合法性基础，公众参与在保障公民监督权的层面来讲也是一种较好的监督方式。

（三）我国公众参与的现状

我国的公众参与与我国社会现实背景有密切关系，带有浓厚的本土特色。自20世纪90年代以来，公众参与理论传入我国，随着改革开放和经济体制改革的持续深入，具有原创性的公众参与活动呈现蓬勃发展之势，如小岗村农民发起的家庭联产承包责任制改革、人民监督员与人民陪审员制度等，都在实践中发挥着重大效用。公众参与在我国兴起有着独特的社会发展逻辑，它不仅是市场经济发展的推动，更是“独立、多元的经济主体日益成长和壮大，独立、多元化的利益产生独立和多元的权利诉求”①。

1. 我国公众参与理论研究现状

公众参与的理论研究始于市民社会理论研究的兴起。从时间节点上看，市民社会理论在中国的引入与公众参与理论具有高度的同步性，20世纪90年代初期，邓正来、何增科及俞可平等人系统的将市民社会理论引入我国②，俞可平认为只要有政治国家的存在就应当有政治国家与市民社会的区分。在马克思看来，市民社会与政治国家既是历史范畴又是分析范畴，作为历史范畴来讲，市民社会是从个体利益到阶级利益过渡的产物，是社会利益分化而引起的个人与公共利益分立与对立的存在形式；作为分析范畴来讲，市民社会与政治社会分属个人领域和公共领域，“前者是特殊的私人利益关系的总和，后者则是普遍的公共利益关系的总和”③。邓正来认

---

① 蔡定剑：《公众参与及其在中国的发展》，载《团结》2009年第4期。

② 主要代表作如邓正来的《国家与社会：中国市民社会研究》《市民社会》《国家与市民社会：一种社会理论的研究路径》，何增科的《市民社会概念的历史演变》，俞可平的《马克思的市民社会理论及其历史地位》《社会主义市民社会：一个新的研究课题》等论文。

③ 俞可平：《马克思的市民社会理论及其历史地位》，载《中国社会科学》1993年第4期。

为,中国的问题应当置于中国社会背景中分析,随着"国家与社会间疆界的确立"或"国家与社会间关系的建构"问题的提出,以国家本位为基础的总体性理论出现危机,市民社会理论的出现解决了中国发展现实进程的理论需求。[①]

我国的公众参与理论研究可分为三个层次:一是关于公众参与的基础理论研究,如公众参与的概念、主体、程序、保障等;二是不同领域内的公众参与制度研究,如公众参与立法领域、司法领域等;三是社会治理机制中的公众参与研究,如公众参与乡村治理、城市规划等。近年来,公众参与的理论研究呈现纵深趋势,由基础理论研究向实践应用过渡,典型的诸如近些年大热的环境保护问题,在知网中以"公众参与"和"环境保护"为字段进行检索,就有八千多条相关文章。

我国的公众参与理论研究总体上体现为三个特征:首先,研究起步较晚但是发展迅速尤其是中共十七大提出扩大公众参与的战略目标以后,唤起了学界关于如何有序引导公众参与、完善参与制度研究热潮;其次,理论研究扎根于中国特色的社会主义实践。理论研究的最终目标是指导实践,公众参与理论研究近三十年来,已有大量的研究成果应用于实践,最典型的是 2007 年的厦门 PX 事件,充分展示了公众参与的程序、城市规划环境影响评价、公众座谈会等机制,是公众参与的时代标本;最后,多视角、多维度的创新研究出现。如谢立斌教授从规范角度提出了自由权应当成为公众参与制度的宪法基础,周扬明以杭州市庭院工程为例解读群众路线理论与公众参与的关系,黄蓬威则从公民参与刑事司法的角度系统论述了公民参与的时间、目的、主体、功能,以解决当前公民参与司法能力不足所导致的一系列问题。

2. 我国公众参与制度建立现状

我国公众参与理论研究层次决定了公众参与制度运行的实践。公众参与形式多种,如选举、申诉、信访、听证、诉讼、座谈会、论坛、

---

① 邓正来:《国家与市民社会:一种社会理论的研究路径》,中央编译出版社 1999 年版,第 456 页。

民意调查等,但是这些参与形式的制度化程度较低,没有相应的保障措施,难以满足公众政治参与的热切需求,因此民众常常诉之“非制度化参与”来实现利益达成,上访、围堵政府机关均是“非制度化参与”的表现形式。我国现有的公众参与制度大致建立在四个领域上:选举领域、司法领域、行政决策领域、基层治理领域。

(1)选举领域公众参与制度的建立现状。公众参与是协商民主表现形式之一,也是协商民主中至关重要的民主程序,国内协商民主理论研究普遍认为“选举是民主的本质内涵”①。公众通过选举参与政治,影响国家政策的制定,维护公众利益,是我国公众最基本的参与形式。我国宪法规定,公民有选举权与被选举权,公民能根据自己的意志选举代表参加国家管理。公众参与在选举领域主要体现为人大代表的选举。人民代表大会制度是中国最具特色的民主政治制度,公民通过直接选举与间接选举的方式,依照选举相关规定,选举出代表参与国家管理,直接体现了公众参与的民主本质。在这个过程中,公民的利益诉求获得充分表达,且在协商基础之上形成的政策法律更容易得到公众的普遍遵守。除此之外,职工代表大会制度、村民委员会选举制度等,都是公众参与在选举领域的重要制度。

(2)司法领域的公众参与制度的建立现状。司法领域的公众参与一直受到学界研究的重点关注,尤其是在一些具体制度的建立上。公众参与司法是司法民主化的本质要求。② 从 2003 年开始,人民检察院就开始探索人民监督员制度,旨在加强职务犯罪侦查中外

---

① 参见陈敏昭:《选举是民主的本质内涵》,载《人大研究》2010 年第 5 期。该文认为选举是社会生活中的一项最基本的政治活动,常被看作是政治过程的核心,也被完全看做是实践中的民主,而马德普则反对将选举民主看做是民主的核心,协商民主是选举民主的补充,他认为选举民主只是弱意义上的民主,协商民主是公民基于自由意志通过讨论参与公共政策而形成的制度安排,是民主的高级形态。参见马德普:《协商民主是选举民主的补充么》,载《政治学研究》2014 年第 4 期。

② 部分学者认为,司法大众化不是司法民主的表现,反而会损害司法民主,职业化才是司法应遵守的规则。相反,学界大多数认为司法民主与司法公正并不冲突,大众化与职业化并非不可调和。赵万一教授认为,司法大众化是在坚持司法职业化的基本标准,遵循司法基本规律的基础上,突出强调坚持司法工作的群众路线。参见赵万一:《我国司法必须走大众化的道路》,载《人民法院报》2009 年 1 月 14 日,第 5 版。

部监督缺失问题。2004 年全国人大常委会审议通过了关于在法院建立人民陪审员制度的决定,公众参与司法的制度架构初步形成。十八届三中全会发布了《中共中央关于全面深化改革若干重大问题的决定》,其中要求“广泛实行人民陪审员、人民监督员制度、拓宽人民群众有序参与司法渠道”,公众有序参与司法是新时期提升司法公信力,维护社会公平正义的重要举措。在司法实践中,除了人民陪审员、人民监督员制度以外,还有司法听证制度、检务公开制度、检察机关提起公益诉讼制度、涉诉信访制度等,均在司法运作中承载着社会公众的参与期待。

(3)行政决策领域的公众参与制度建立现状。20 世纪中后期,西方国家普遍发起了一场名为“新公共管理”的改革,希望通过将商业化的管理运营模式引入政府公共管理中,以提高政府管理水平。公众参与行政决策正是此次改革的衍生品,且逐渐成为一支重要的力量活跃在行政领域。有学者据此认为,公众参与行政公共领域“改变了公共行政的运作模式——由行政主导演变为公众参与主导”①。我国公众参与行政主要体现在公众对行政决策的参与上。行政决策一般是指行政机关为了实现行政管理目标,运用行政权做出的对公民具有普遍拘束力的行政行为,公众参与行政决策带有强烈的民主色彩,是决策民主化的证成路径之一。当前,行政决策中的公众参与制度已经初具规模,如行政信息公开制度、听证会、论证会制度、政府购买公共服务制度等,虽然仍未形成结构化的公众参与体系②,但并不影响其打通了多条公众参与决策的渠道。早在 2003 年,重庆、青岛就开始做出公众参与行政决策的尝试,出台了《公众参与城市规划管理试行办法》,其中最惹眼的举措是将“公民意见书”作为规划与建设审批的必要审批文件。2008 年国务院出

---

① 江必新、李春燕:《公众参与趋势对行政法和行政法学的挑战》,载《中国法学》2005 年第 6 期。

② 体系化的前提必须有一部法律为依据,我国的《行政程序法》正在紧锣密鼓的起草之中,多数专家建议将行政决策程序作为行政程序的重中之重,但是制度化不等于制度的体系化,体系化的公众参与决策需要从主体、内容、程序、责任、保障、反馈等形成统一的有机整体,为公众参与行政决策提供有力的法律保障。

台《关于加强市县政府依法行政的决定》，要求政府在做出重大决策时，应当向社会公众征求意见，并推行重大行政决策听证制度。近年来，公众参与行政决策已然在行政领域内发展迅速，丰富了公众参与行政的理论与实践。

(4)基层治理领域的公众参与制度建立现状。随着单位体制的解体，人们的大部分活动回归到社区基层，基层治理成为新时期国家治理的重大课题。十八届三中全会提出了国家治理能力现代化的目标，基层治理则是国家治理的基础。与传统对抗式公民与国家关系不同，现代国家公民更关注彼此之间合作互补关系，如萨拉蒙(Saramon)等人认为，只有在社会、国家以及商业领域之间建立起相互支持、高度合作的伙伴关系，他们才能得到共同的发展，民主和经济增长才有望实现。[①] 通过在基层治理领域吸纳公众参与，让公民站上政治舞台且影响决策贯彻的全过程，是我国基层治理的现实目标。当前我国基层治理领域的公众参与制度发展较为落后，很大程度上依赖各个地区的自我探索，如社会治理模式中的上海模式、沈阳模式、盐田模式等[②]，体现了递进增加公民权力的意识萌芽。在农村社会治理中的公众参与方面，贾西津教授在《中国公民参与案例与模式》一书中对农村自治组织参与农村治理做了较为详尽的实证研究，他以山西永济农民协会为分析样本，通过对该组织的成立、运作分析、社会评价等方面的研究，将公民参与农村治理机制概括为"文化推动、政府支持、利益引导、不断创新、教育跟进"，是基层社会治理中公众参与的经典总结。[③]

(四)公众参与检察机关法律监督的特殊意指

十八届三中全会以后，司法体制改革的重心逐渐向吸纳公民参与司法方向转移，探索构建公众参与检察机关法律监督制度，顺应

---

① 何增科：《公民社会与第三部门》，中国社会科学文献出版社 2000 年版，第 243 页。

② 这些基层治理模式的典型特征是充分尊重公民个体的参与权，保障社区的自治权、限制政府意志的不当干预，最终让社区公民自我决定涉及自身利益的事物。

③ 参见贾西津：《中国公民参与案例与模式》，社会科学文献出版社 2008 年版，第 115～145 页。

了国家政治体制改革的要求,是构建中国特色公众参与司法制度中不可缺少的重要一环。公众参与检察机关法律监督有其特殊的意指。

公众参与法律监督是人民群众有序参与司法的题中之义。近年来,微观层面的司法个案总是能够在社会上产生影响,公众对于司法的关注度和参与度前所未有。如“于欢案”发生后,学界、司法界、公众一致发声,均从不同角度表达了颇有价值的观点,司法民主与司法公正之间产生激烈碰撞;再如“赵作海案”,引起了所有法律人的集体反思。

公众参与司法适时地提出正是对司法民主的回应。然而,随着“以审判为中心”的司法改革方向的确立,检察体制改革的原有指向也受之影响,检察机关的法律监督职能需要寻找新的突破口。司法的过程本应由法检两院共同主导,并在各自的环节履行相应地权能,共同推动司法程序的阶段发展。以审判和裁判为中心进行的一系列司法体制改革,有“矫枉过正”之嫌,如学者所言:“这种以法官为唯一中心的司法理念固然有其相当的正当性。但如果对这种正当性强调过头,将高度复杂的司法过程完全抽象化,紧紧抓住司法过程中裁判的做出这一重点,而忽略其他环节,那么这种被过分强调的正当性反而显现出其正当性缺失的一面,或者可以称之为正当性不足。”①

检察机关的法律监督在面对社会影响较大的刑事案件时,担负着综合、复杂的社会使命。我国检察机关法律监督是一种控权式监督,而非英美国家单纯的公诉型架构②,一般将其称为“国家权力的双重控制”。具体体现在两方面:一是对警察权的控制。我国法律不仅赋予了公安机关社会治安的管理权,还赋予其刑事案件的侦查处置权,无论管理权还是处置权都是对“有关限制、剥夺公民基本权

① 蒋伟亮、张先昌:《国家权力结构中的检察监督——多维视野下的法学分析》,中国检察出版社2007年版,第167页。

② 关于控权本质的论述,参见李强、王胜利:《对我国法律监督制度的新解读》,载《中国刑事法杂志》2011年第10期。

益的事项拥有权威的和最终的决定权”[①]，警察权的滥用必然威胁公民的人身、财产等权利。检察制度创设之初正是以克制警察权滥用、恢复法治国家基本秩序为目的。在我国司法实践中，检察机关的侦查监督在抑制警察权方面发挥了关键作用。[②] 二是对法院审判权的监督。法院与检察院有着共同的目标追求，即裁判结果的客观公正。鉴于人类认识能力有限，案件事实纷繁复杂，法院难以做到每一件案件的“尽善尽美”，加之行政化管理、业务指标考核等因素的干预，单靠法院内部的自我监督实为不妥，必须有一个专业、专门的机关协助法院尽力做到客观公正。在我国的司法语境中，检察机关法律监督作为控权者不断地维护和修正着法院的裁判权威。

凭借着“对权力双重控制”的立意，检察机关业已将让人民群众在每一个司法案件中都感受到公平正义作为改革方向，无论司法体制改革的推进抑或是政治体制改革的深化，检察机关都在坚守者司法的本真——公正。公众参与司法，不应当仅限于对于审判活动的参与，更需要融入法律监督活动中，并形成以检察机关法律监督为核心的公众参与司法活动的制度与机制。人民陪审员制度往往被称作是公众参与司法的典范，人们能够通过参与的庭审活动而获取直观的正义感受，与之相对应的人民监督员制度却不然，它主要针对检察机关职务犯罪侦查、不起诉等案件进行监督，属于检察权的内部监督方式，具有较强的封闭性。由于公众难以接触到这类案件的关键部分，所以监督的实质性效果大打折扣，公众参与的乏力感凸显。因此，迫切需要检察机关对公众的参与意愿做出回应。

综上所述，本书认为公众参与检察机关法律监督应注意三方面：其一，公众参与司法不是参与其中的一部分，而应是参与司法的全部过程，当然包括检察机关的法律监督职能；其二，公众参与检察

---

① 陈瑞华：《刑事诉讼的前沿问题》，中国人民大学出版社 2005 年版，第 528 页。

② 根据最高人民检察院 2016 年工作报告，对侦查机关不应当立案而立案的，督促撤案 10,384 件，监督纠正滥用强制措施、违法取证等侦查活动违法情形 31,874 件；对不构成犯罪或证据不足的，决定不批捕 131,675 人。2017 年工作报告中专项列举强化对刑事诉讼的法律监督，监督纠正违法取证、违法适用强制措施、刑讯逼供等侦查活动违法情形 34,230 件。

机关法律监督并非限定在人民监督员制度的框架范围，而需要有所突破；其三，公众参与法律监督具有司法导向作用，即引导公众以合法合理的形式参与对刑事司法过程的监督，借助检察机关监督权的“辐射”效果扩大公众参与司法的广度与深度。

另外，公众参与检察机关法律监督有三层含义：第一，公众参与法律监督的核心是指让公众通过制度化的评议、听证、表决等方式直接参与到检察办案以及其他检察工作；第二，公众参与法律监督的主体具有广泛性，这种广泛性并不是指参与主体的“大众化”，而是体现出与我国司法体制相匹配的“人民性”；第三，公众参与法律监督的对象不仅包括检察环节的终结性案件，非终结性案件诸如民行监督、检察建议、公诉案件的讨论环节也可以吸纳公众参与。

第二节　公众参与检察机关法律监督的历史考察

公众参与法律监督的历史就是检察民主的发展史，而检察民主的历程又与我国民主政治的进程具有相当的同步性，公众参与的本质是民主的外化形式。通过对检察民主的发展进程梳理，能够为公众参与法律监督寻求历史根源，避免本书沦为无源之水、无本之木，再者通过对历史上检察民主的发展逻辑规律，有助于我们推演未来公众参与法律监督制度的可能性。

按照历史发展的阶段性特征和时间为线索，我们将检察民主历程划分为三个阶段：民国时期检察民主思想的萌芽、新民主主义革命时期检察民主的发展、新中国成立以后检察民主制度的历程。检察民主作为中国民主化进程的一个分支，其发展历程可谓艰辛，同“政治的阴晴、法治的兴衰密切相关的法律监督制度也在这艰难的过程中步履蹒跚，几经兴废”。[①] 因此，对检察民主中的民主制度起源、兴衰根源的挖掘，可从中汲取丰富的历史经验，也是我们研究检察历史的目的所在。

① 汤唯、孙季萍：《法律监督论纲》，北京大学出版社2001年版，第225页。

一、民国时期检察民主思想的萌芽

法律监督是现代民主国家的重要特征。中国近代以来的政治民主肇始于国民政府时期,虽然多数学者认为我国检察民主源于新民主主义革命时期,但是民主监督的理念从辛亥革命以后就深入人心,尤其是在革命先行者孙中山先生的民权思想中尤为明显,笔者将其概括为"两权平衡"与"五权分立"。

"两权"指的是民权(或称政权)与政府权(或称治权)。民权是孙中山全部政治思想的结晶,他的革命理想是围绕着中国的民主共和而展开,所谓民权是指:"民有选官吏之权,民有罢免官吏之权,民有创制法案之权,民有复决法案之权,此之谓四大民权也。"① 只要这四个权实现了,所谓的民主也就随之不远了。他对"政治"一词进行深入剖析:"政"是众人之事,集合众人之事的大力量,便叫作"政权",政权就可以说是"治权";"治"是管理众人之事,集合管理众人之事的大力量,便叫作"治权",治权就可以说是"政府权"。② 政权与治权分别代表了两个力量:一是政府自身力量,二是管理政府的力量。孙中山认为,要推翻清王朝的压迫,实现国家的民主共和,必须要将政权交到人民手中,其中治权应当由政府掌握。他拿机器与工程师做比喻:人民是工程师,政府是机器,工程师能够控制机器的出场与退场,机器的维修与维护是工程师之责;而一旦机器进入预先设计的运行轨道,工程师就应当及时退场,避免不当干预致使机器失效,这即"两权平衡"。

人民主权是孙中山资产阶级国家学说体系中的核心。他曾讲到:"盖国民为一国之主,为统治权力之所出。"在革命初期,为了实现民权之思想,他一再地在其演讲及解说中提出让民权制约政府权的思想,但二次革命以后,军阀混战使国家四分五裂,促使他重新思考这种资产阶级民主的问题所在。一个强有力的政府是实现民权之保障,没有政府的庇护,民主缺乏实施地有利环境,人民的幸福也

---

① 孙中山:《孙中山选集》,人民出版社 1981 年版,第 340 页。

② 孙中山:《孙中山全集》(第 9 卷),中华书局 1986 年版,第 345 页。

无疑纸上谈兵。为此,他对政府组织做了精心的设计,提出著名的五权分立方案。

所谓的“五权”,是指将中央政府的职权划分为五个部分:行政权、立法权、司法权、考试权、监察权。行政院由人民选举总统组成,选举代议士组成立法院,其他三院则征得立法院同意后,总统才得以对其任命,五院只对国民议会负责。孙中山的五权分立政治设计是人民主权思想的实践成果,它虽然借鉴了西方的三权分立理论,但是更契合当时中国的民主革命实践,构筑于“政府权”与“治权”分立基础上的权能分立与三权分立有着明显区别。[①] 五权属于“治权”范畴,它的制衡因素较三权来看稍显纤弱,孙中山设计五权的目的在于让专门的国家事务由专门的机关负责,因而其更侧重于部门之间的分工。

孙中山先生的民权主义思想在司法领域的渗透同样相当深入。由于战争动荡和政权的不稳,虽然南京临时政府时期的司法权发育“先天不足”,但在短短三个月时间内,其就完成了一系列司法制度改革,包括审判公开制度、回避制度、辩护制度、陪审制度等,通过制度的改革践行民权主义理论。检察院在南京临时政府时期也得到初步组建,据统计,截至 1912 年 9 月时全国已有 351 个检察机构[②]。

这时期检察机关的角色定位是“公益代表人”,与当今检察机关的职能定位极为类似。民国时期的检察机构有刑事案件与民事案件的处理权,具体包括侦查与预审、公诉、执行判决。在诉讼程序中,检察机构作为公益代表人,不仅要审查对被告人不利证据,还要收集对其有利证据,这在上诉制度上体现尤为明显,即“检察官意图不利于被告人,固得上诉;即为被告人利益计,亦得为之”[③]。另外,律师公会等民间机构成为当时司法制度的又一特色。1912 年北京

① 例如,孙中山认为将考试权与监察权分开,使官员的选拔、任命、弹劾与罢免之间有效衔接,能够避免三权分立的弊端,对于五权与三权的区别,他说:“三权为欧美所需要,故三权风行欧美;五权为中国所需要,故独有于中国。”

② 据当时的司法部统计,各省检察厅有 344 所,加上京师的 6 所检察厅和最高检察厅,一共有 351 所检察厅,参见邓志坚:《民国早期广东检察机构研究(1917 - 1926)》,暨南大学 2015 年硕士学位论文,第 6 页。

③ [日]冈田朝太郎:《刑事诉讼法》,汪庚年整理,吴宏耀点校,中国政法大学出版社 2012 年版,第 225 页。

政府颁布了《律师暂行章程》，其中明确规定律师执业必须加入当地律师公会，才得以进行代理案件。律师公会是一个律师自行发起、自行组织、独立运作的民间自治团体。从1923年南方政府颁布的《暂行律师章程》规定来看，地方检察机关有权监督当地律师公会，不仅包括报告审阅、评议参与等程序管理权，还包括对违反执业行为处罚等实体处分权。

综观孙中山时期的政治制度以及司法制度，我们可以发现以下特征：其一，民主思想萌芽产生并迅速惠及所有的民主制度，这种扩散既有纵向的政府与民之关系，又包括政府权内部的权力分配；其二，强调法制的作用，颁布了包括《中华民国临时约法》在内的30多项法令，维护民主共和；其三，人民参与司法初现，虽然仍属于“被动式”参与，但是人民监督理论逐步成型；其四，结束了清末以来的“审检”合一的司法体制，确立了检察机关“公益代表人”的地位。尽管孙中山先生的政治理论体系有其不完善之处，譬如空想成分过多，缺乏彻底的反封建内容，但是他的民权思想为中国革命和武装斗争指明了前进方向，其法制思想体系成为中国法律思想史上的璀璨明珠，恰如列宁所评价的那样：孙中山纲领的每一行都渗透了战斗的，真诚的民主主义！

二、新民主主义革命时期检察民主的发展

检察制度在新民主主义革命时期之初就受到工农民主政权的重视，并在革命的各个阶段得以体现。从政治民主的角度出发，在工农民主政权、抗日民主政权以及解放战争时期的政权建设中，均有检察制度的身影。尽管由于战争的环境和民主政权的不成熟，这些检察制度不甚完整，出现了诸多问题，但是作为政治民主的一部分，检察制度所体现出的检察民主，为以后的民主法治建设提供了宝贵的经验。

（一）抗日民主政权时期的检察民主

1931年11月7日中华苏维埃共和国临时中央政府在江西成立，在全国代表大会上通过了《中华苏维埃共和国宪法大纲》，第一次规定在中央执行委员会之下设立最高法院，最高法院设立检察长

一人，副检察长若干人，其责权为：(1)预审权，除了简单案件以外，其他案件必须经过检察院预审才能送到裁判部门；(2)公诉权，检察员认为构成犯罪的案件，通过公诉送到人民法院审判部门；(3)逮捕权，对涉嫌犯罪者检察员有权进行逮捕；(4)传审权，检察员认为需要对被审问者讯问时，可以传来审讯；(5)抗诉权，检察部门认为案件经过两次审判以后，仍有错误，需要更正的，可以向审判部门抗议，要求重新审判。在当时，检察部门隶属于法院系统，其职责主要是对刑事犯罪的追诉，但是也有部分的民事和行政违法案件，如在《中华苏维埃共和国地方苏维埃暂行组织法》中就规定了，工农检查委员会有权检查苏维埃主席团、代表会议、少先队以及国有企业，检举侵害选民群众公益的行为。

由于政权创设之初，急需一个有强力的监督部门维护政权的稳定性，这时检察部门的工作重心主要是对犯罪行为的打击，检察民主的理念尚未形成，也未能运用到新政权下的检察实践中，正如陈启育先生所言："新中国的新民主主义检察制度，刚才萌芽……必须经过长期的培养过程，逐步改进和提高"①。

(二)抗日战争时期的检察民主

抗日战争时期，检察部门的独立性进一步增强。1939 年发布的《陕甘宁边区高等法院组织条例》规定，高等法院的检察处设检察长及检察员，独立行使检察权。检察员的具体职责为案件的侦查、裁定、公诉以及裁判执行监督。该条例第 14 条规定：检察员有诉讼当事人或者公益代表人的职权。这里所谓的"诉讼当事人"包括了民事诉讼和刑事诉讼两部分。虽然这时的司法体制依然遵照审检合一的模式，但是检察民主的思想已经有所体现，如山东抗日根据地抗日民主政府颁布法令，检察官代表了国家公益，检察官履行职务的目的是更好地维护国家公益，代表人民对犯罪案件进行侦查、起诉或协助自诉等。

抗日民主政权的最高纲领即团结全国各党各派各军结成抗日民族统一战线，实行全民族总动员，打倒日本帝国主义。毛泽东在致边

---

① 陈启育：《苏联的检察制度》，载《新中华》(半月刊)1950 年第 18 期。

区高等法院院长雷经天的信中提到，抗日民主政权中，共产党员是人民的公仆，人民的利益是共产党员应追求的最高利益，共产党违法就是公仆反对人民的统治权。检察民主是抗日民主的一部分，在抗日战争时期担负着维护边区社会稳定和政权稳定的重要作用。

（三）解放战争时期的检察民主

解放战争时期，检察机关建设得到了新发展。除了解放区原有的检察制度以外，又新增了一系列相关制度。1946年《陕甘宁边区政府命令》规定，在陕甘宁边区设高等检察处，各分区建立分处，各县市设检察处，高等检察处受边区政府领导，独立行使监督权。各检察处的职权是检举一切破坏民主政权和侵犯公民权利的违法行为，检举公务员触犯行政法规的行为，检举违反政策的事项。涉嫌犯罪的，向法院提起公诉，一般违法的作出行政处分后呈送边区政府处理。1947年，关东地区第一届人民代表大会选举产生了关东地区高等法院院长和首席检察官，并于6月起草了《关东各级司法机构暂行组织条例草案》，该草案规定关东地区检察官由关东地区人民代表大会选举产生，职责有侦查起诉、协助自诉、担当自诉人、指挥裁判的执行。这时的检察监督对象已经扩展到一般公民，即对关东地区各机关、社团、所有人员是否遵守法律实行最高检察权。

新民主主义时期的检察民主及相关制度呈现鲜明的时代特点：第一，检察民主的基础——检察体系逐渐成型，首席检察员、一般检察员、书记员的配置齐全，管理体制上虽仍受制于审判系统，但是检察官的履职活动是独立的，上下级检察机关是领导与被领导关系；第二，强调检察部门的社会公益代表人地位，将诉讼范围拓展到民事领域，直接面对一般公民，进一步深化了检察民主制度；第三，检察制度的发展历程坎坷，对检察机关的存废有着较大争议，直接或间接导致了检察制度一定时期内被暂停。①

① 边区政权时期，高等法院院长雷经天曾主张废除检察制度，因为边区地区经济落后，土地革命以后发案率较低，地区干部紧缺，一般民事案件可以调解结案，刑事案件可交由公安或者法院代行检察权。参见刘清生：《新民主主义革命时期的人民检察制度研究》，载《中国刑事法杂志》2009年第10期。

三、新中国成立以后检察民主制度的历程

新中国成立初期，民主政权面临着国内国际严峻的斗争形势，可以说“建国初期的政治、经济斗争和政权建设法制建设的客观需要是创建人民检察制度和检察机关的直接的主要的原因”①。人民大会制度的建立催化了新的检察制度的形成，董必武在《论加强人民代表会议的工作》一文中指出：“这个代表大会，就是一切权力要归它。”②人大监督是根本性的和全局性的监督，其他一切权力都应自觉服从人大监督。1950 年召开的第一届全国司法会议，确立了检察机关的主要任务，党和国家领导人在会议上对检察制度的一些基本问题进行了阐述。基于对检察制度的正确认识，中央先后四次下达文件督促检察机关建设。据统计，截至 1953 年，省级检察署全部建立完毕，专区和省辖市建立了 196 个检察署，县市区建立了 643 个，全国检察人员共 5067 人。③

但是随着社会经济发展，高层领导人开始重新考虑社会主义的主要矛盾。毛泽东同志于 1957 年 2 月 27 日在最高国务会议上作了《关于正确处理人民内部矛盾的问题》讲话，明确提出国家政治生活的主题，即正确处理人民内部矛盾。接着进行了反右斗争，刚开始起步的民主法制建设戛然而止。在“左倾”错误思想的引导下，全国开始了一场“以阶级斗争为纲”的运动，法律虚无主义盛行，群众性政治运动替代了法律实施。尤其是在“大跃进”中，实行公检法联合办案制度，取消法定办案程序，甚至有些检察院被取消，成为公安机关的检察科。同时，在检察机关内部开展的反右倾斗争，称检察院的法律监督是“束缚对敌斗争手脚”。“文化大革命”时，检察制度遭到彻底破坏。

由于检察机关“法律监督”地位不符合当时阶级斗争的需要，因此所受冲击尤为严重。回顾检察制度中断这些年，诉讼的冤假错

---

① 钟海让：《法律监督论》，法律出版社 1993 年版，第 323 页。

② 《董必武选集》，人民出版社 1985 年版，第 218 页。

③ 李士英：《当代中国的检察制度》，中国社会科学出版社 1988 年版，第 25 ~ 26 页。

案反证了其存在的重要价值。缺少制约的权力是可怕的,权力是一把"双刃剑",控制好持刀者,让这把刀成为维护人民利益的工具,法律监督的价值才能够真正体现。

到1978年修改宪法时,检察机关的地位被重新确立。1977年中共中央征集修宪意见时,全国19个省市和解放军8大军区,及中央35个直属机关都提出要重设人民检察院,全社会也对建立检察机关法律监督制度达成共识,人民的呼声代表了民心之所向,也代表了社会对公正的渴望。在一致的呼声中,1978年《宪法》恢复了检察机关在国家机构中的地位,明确了检察机关按照宪法和法律规定的范围,对国家机关、国家机关工作人员和公民是否遵守宪法和法律,行使检察权。

四、检察民主历程给予的经验和教训

历史经验一再昭示:宪法和法律作用发挥的好坏与宪法和法律监督制度作用发挥好坏成正比。建立在人民民主基础之上的法律监督,是维护国家法制统一的必要工具,这已被当代世界各国所证实。虽然我国检察民主历程发展曾经历过坎坷,但或许经历过风雨的洗礼,我们才更能体会到检察制度的弥足珍贵。

首先,检察民主主要体现在社会公益代表人的法律定位。无论是民国初期检察机关"公益代表人"的定位,还是抗日民主时期,检察机关对侵害公益行为的检举,都是立足于维护"公益"的考虑。现代所谓的"公益"源于拉丁文"publicus",指"与人民有关的",现代英文中的"public"则是指"公众的、平民的、百姓的"[①]。"公益"与公众、人民有着密切关联,作为公益代表人的检察机关,是人民利益的捍卫者,也是民众诉求的传达者。从某种意义上讲,检察机关法律监督作为民主的政治设计自始至终都围绕人民而展开,尽管不同时期所带有的政治特性不同,"民主"一词却从未缺位,维护人民的利益始终是检察民主制度设计的落脚点。

其次,检察制度的发展必须充分吸收人民的参与。纵览检察制

---

① 杨超、唐亚阳:《"公益"概念辨析》,载《伦理学研究》2015年第11期。

度的发展轨迹,我们发现,人民参与检察活动程度与检察制度发展兴衰程度成正比。一段时期内,有人曾把检察机关法律监督与人民民主专政对立起来,使检察制度遭到严重破坏,并在国家民主生活中一度被抛弃。与之产生鲜明对比的是,将人民纳入检察制度的目标、程序的一段时期,检察工作得到快速发展,法律监督的范围拓展到了多个领域。由此可见,法律监督职能中人民不可替代的重要性。

最后,树立法律监督观念,培养公民的法律意识。法治的进步与公民的法律意识密不可分,有学者指出:"真正能够决定法的命运,可以标志法的文明程度的,不是完备的法典、法律,而是现实生活中法的活生生的运行。"①法律监督,是权力制约与控制的有效手段,也是现代法治的基本要求。在中国漫长的封建社会中,人们习惯于服从权威,遵从"官本位"思想,人民监督的观念在整个国家政治生态中长期缺位,但随着社会主义法治体系及理念的确立,人民监督政府逐渐成为常态,法律监督在权力结构体系中的制约功能逐渐显现,人们的法律监督意识增强是法律监督制度真正发挥功效的必要条件。

第三节 公众参与从行政到检察机关法律监督的理论空间

如前文所述,公众参与的理论与模型建构主要集中在行政领域,司法视域下的公众参与也主要限定于法院的裁判活动,但是在检察机关法律监督的话语体系下讨论公众参与应当与行政、审判有所不同,否则将很难解释公众参与理论与实践已然在行政与法院审判领域成功运作,检察体制却不能猎以为用的问题。因此,必须打通公众参与理论在行政、司法和法律监督之间的理论隔阂,挖掘共同的理论基点。虽然检察权与行政权、审判权之间有不同的运行逻辑,但三者确实有类比的可能性。本节旨在对三种不同权力类型进行对比,从中寻求公众参与理论向法律监督领域纵深的理论空间,

---

① 刘旺洪:《法律意识论》,法律出版社2001年版,第109页。

以厘清公众参与在检察监督领域适用的理论前提。

一、公众参与从行政到司法的理论纵深

笔者认为，从不同维度将行政与司法做出对比，能够更清晰地看到这两种权力样态，下文试从宏观与微观两个视角论证公众参与从行政到司法的转接。

（一）宏观上行政权与司法权有着不同的权力属性

罗素在《权力论》中援引“苛政猛于虎”的典故，试图说明权力节制一直为人类社会所追寻。在对权力异同的类比过程中，可以为公众参与法律监督拓展理论空间。

行政权与司法权都是国家权力的组成部分，属于同一位阶的权力类型。行政和司法“就像两株反方向盘旋的藤蔓缠绕着国家权力之柱，始终相互交织着向上攀爬”[①]。行政权与司法权的本质差异在于行政权属于管理权，司法权则属于裁判权。行政的管理权本质促使它更多地面向社会公众，权力行使具有较强主动性，即所谓的“行政权的运行总是积极主动地干预人们的社会生活和个人生活”[②]。司法权的裁判权属性要求司法坚持保守和中立，所谓司法裁判中“不告不理原则”就是要求司法不能主动介入承办案件，应保持权力运作地被动性。

由于行政权总是积极主动地处理社会公共事务，其行政行为更多地是面向社会公众，权力指向公众的切身利益，公众参与在行政领域的蓬勃发展与行政权的管理权性质不无关系。公众参与政府决策是公众将利益诉求向政府表达的过程，体现了社会民主化治理的理念。再者，行政管理是政府事务又体现了社会事务的统一。改革开放以来，随着社会事务的复杂化和人民利益诉求的多元化，作为权力指向的人民开始通过各种方式影响政府决策，以私权力介入来防止公权力的恣意行使。行政管理者为了实现社会的有效治理，

---

① 黄蓬威：《刑事司法中的公民参与》，社会科学文献出版社2016年版，第49页。

② 孙笑侠：《司法权的本质是判断权——司法权与行政权的十大区别》，载《法学》1998年第8期。

将部分行政职权让渡给社会,形成了大量的以群众自治为核心的公众参与制度。

公众参与司法的程度就略显浅薄。与行政机关相比,其被动、中立的特性使司法机关更偏向被动地接受公众参与,而主动吸纳公众参与的能力不足。从实践中来看,公众在司法程序中感受到的“温暖”远不如在行政过程中来得那么直接。另外,行政管理涉及的受众群体范围要大于司法裁判,与公众利益的个体相关度也要更高。在权力性质差异前提下,司法领域中的公众参与理论与实践先天地滞后于行政领域。

那么,公众参与从行政到司法之间有无类比的可能?这就需要重新回归到对国家权力本身的认识中寻找答案。我国《宪法》规定了全国人民代表大会是我国的最高国家权力机关,享有最高立法权以及监督权,行政权与司法权均源自全国人民代表大会的授权,人民通过这个机关行使国家权力,实现人民民主。与西方国家不同的是,我国“司法权对所谓行政权的分立,也只有在比较有限的范围上才有可能”①。司法权与行政权在权力格局中在指向上具有一致性,二者并不存在严格的对立关系,相反,无论是从履职目标还是权力配置上看,其均是实现人民民主的手段,宏观上公众参在行政与司法之间具有类比的可行性。

(二)微观上决策与裁判系统遵循着各自的逻辑

我国行政管理模式虽脱胎于计划经济,但塑造于市场经济下。新中国成立以来,国家各项事业建设百废待兴,急需一个强力政府来调配各方资源、巩固政权基础,通过计划配置资源也就成了政府决策时的主要手段。首先,行政决策的逻辑体现在行政强制力上。改革开放以后,随着各项基础建设逐渐完成,市场成为资源配置的首要要素,而由于“传统的官僚式管理理念依然主导着中国政府管

---

① ［奥］凯尔森:《法与国家的一般理论》,沈宗灵译,中国大百科全书出版社1996年版,第303页。

理决策”[①],以“强政府”与“强行政”为特征的政府管理在社会利益分配中仍然起着决定作用。其次,行政决策逻辑带有特定的计划和目的。美国政治家詹姆斯·安德森(James E. Anderson)在1979年出版的《公共决策》书中提到,决策的本质“不单单是一个关于做什么事情的决定”[②],更是“某一特定环境下,个人、团体或者政府有计划的活动过程”[③]。最后,行政决策逻辑遵循特定的程序。美国著名决策学家赫伯特·西蒙(Herbert Simon)提出决策的四阶段理论,他认为一项决策的作出经过情报收集、方案设计、方案选择、方案审查和评价过程。这种“四步走”的划分方式实质是人的认知系统在决策中逻辑中的体现。整个行政决策系统运转是一个科学递进过程。行政决策就是行政主体为了某个行政目标,根据特定的行政程序,运用行政强制力,对政治客体作出具有制约力和支配力的行为。

与行政决策截然不同的是,司法裁判则遵循了另一套逻辑系统。众所周知,世界上各国的法律体系可分为大陆法系与英美法系,在审判思维上的区别体现在事实与法律的关系上。英美法系国家以判例法为依据,根据事实推演出诉讼的全貌。大陆法系国家则以成文法为依据,整个诉讼是以法律规范为根本出发点的推演过程。在我国的司法语境下,对于案件的审查裁判基本上遵循的是“三段论规则”,即面对一个案件,首先要找出具体法律规范如何规定,即推论的大前提;再查清案件事实,即推论的小前提;比照小前提与大前提的符合程度,最终得出结论。在“三段论规则”的约束下,司法裁判实际上是一个运用正当逻辑进行思考的过程,在这个逻辑过程中,事实与法律分别规制着结果导向。我国司法裁判都在有意或无意地运用着“三段论规则”,甚至有学者认为:“是事实而不是法律决定了案件的裁判结果,法律只不过是给裁判结果所套的

---

① 张维平:《论中国行政战略体系下行政决策机制的改革与完善》,载《中国行政管理》2008年第3期。

② James E. Anderson, *Public Policy making*, Wadsworth Cengage Learning, 2010, p. 113.

③ Carl Joachim Friedrich, *Man and His Government: An Empirical Theory of Politics*, McGraw-Hill Press, 1963, p. 79.

一件合适的外衣而已。”[①]法就是案件事实中的理，司法裁判就是运用法律对事实不断推理的过程。

（三）公众参与层面行政与司法的共性探讨

公众参与的本质是政治民主化，行政民主与司法民主都属于政治民主的范畴。我国人民代表大会是人民民主的主要实现方式，但随着改革开放的深入，社会事务庞杂，单纯地依靠人民代表大会制度难以“为行政、司法等国家机关的权力活动传送足够的民主合法性，也难以满足人民日益增长的民主诉求”[②]。近年来，国家不断地创新民主在行政与司法领域的运行模式，建立了重大行政决策听证、信访、人民陪审员、人民监督员、公益诉讼、司法听证等制度形式。公众参与是政治民主最直接体现，现有的行政司法民主机制运行过程，都带有公众参与的深刻印记，公众参与所体现的民主性是行政与司法的共性基础。

程序性是公众参与司法与行政的又一共性特征。遵守程序是行政与司法的共同要求，正当程序不仅能够有效的制约司法权与行政权，更是普通公民保障自身权利免受侵犯的重要手段。2008 年湖南省率先制定《湖南省行政程序规定》，推动了国家行政程序的专项立法进程，虽然行政程序法尚未制定，但是关于行政程序立法的呼声较高，当时的全国政协委员彭雪峰就建议：“应尽快制定行政程序法，在行政程序法中确立公众参与决策、集体讨论决策等民主程序，实现对决策权的分化与制约。”[③]戚建刚教授也认为，我国转型时期的难题大多可通过程序性设计来解决，因为“程序决定了法治与恣意的人治之间的基本区别，行政程序法是法治的基石和行政法治的核心”[④]。司法裁判的程序性要求要严于行政决策。英国大法官基尔穆尔（Kilmuir）认为：“必须遵守关于审判活动的程序，即

---

① 耿宝建：《在法律与事实之间——司法裁判中事实认定过程的法理分析》，载《河北法学》2008 年第 1 期。

② 周叶中、蔡武进：《新时期我国社会主义民主政治建设的新思考——现行〈宪法〉实施 30 年来我国社会主义民主政治建设的回顾与展望》，载《法学杂志》2012 年第 7 期。

③ 《尽快出台行政程序法》，载《检察日报》2015 年 3 月 7 日，第 7 版。

④ 戚建刚：《“第三代”行政程序的学理解读》，载《环球法律评论》2013 年第 5 期。

使——在一些例外的场合下——有损于事实真相也在所不惜。”①一个有生命力的司法体系不仅应当追求实体公正,还要担负起严格遵守法定程序的重任。程序是“外漏”的正义,公众能够通过参与司法程序切身感受到程序所带来的公正,形成对司法权的认知或认同。

由此可见,公众参与在行政与司法有着共通之处,不仅是因为他们都彰显了民主,还在于他们塑造了各自领域的程序正义。公众参与政治已然成为政治生态中必不可少的因素,行政与司法均是这个生态体系内的一环,最终指向人民代表大会,这说明了公众参与符合人民主权的预期。因此,公众参与理所当然地能够在行政与司法之间成功运作。

二、公众参与从司法到检察机关法律监督的理论纵深

上文已论述了公众参与由行政到司法的理论纵深,这个纵深实际上并未结束,本书以公众参与检察机关法律监督为题,隐含了司法与法律监督实为有别的前提,公众参与法律监督的特殊意指需要在对司法与法律监督的甄别中凸显。

法律监督是我国检察机关的整体功能体现,那么,为何要在人大监督之下再设一个法律监督机关,其合理性何在?对这个问题的回答有助于理解司法与法律监督的关系。我国宪法将检察机关与行政机关、审判机关并列,认为检察机关是与行政机关、审判机关相平行的专门国家权力机关,人民代表大会是最高国家权力机关,上述机关的权力都源于人大的授权,那么当然接受人大监督,对此产生质疑的较少。那么人大将自己监督权的一部分让渡给由它产生的国家机关行使,对其他国家机关进行监督是否就不合理呢?检察机关的法律监督职能与司法权之间又有何不同呢?

笔者认为,检察权的法律监督功能不仅包含部分司法权特质,还包含了监督特质。理由如下:首先,检察机关职能的司法属性客

---

① [法]勒内·达维德:《当代主要法律体系》,漆竹生译,上海译文出版社1984年版,第337页。

观存在。虽然宪法规定了人民检察院的“国家法律监督机关”定位,但是对于什么是法律监督并未进一步说明,然而却可以从相关部门法中略见端倪。2018 年修订的《刑事诉讼法》规定了检察、批准逮捕、检察机关直接受理的案件的侦查、提起公诉,由人民检察院负责。《人民检察院组织法》对人民检察院的检察职责也有相关规定,即一般刑事案件的侦查、批准逮捕、起诉、抗诉等,这些权力带有明显的司法特征,由此可见,检察机关的职责主要限定在诉讼领域,其更多承担的是作为国家公诉人的角色。其次,检察机关的监督特质超越了诉讼监督的范畴,法律规定了检察机关能够通过抗诉、庭审活动监督法院依法裁判。通过侦查监督制约公安机关依法侦查,通过民事行政抗诉、检察建议等维护公民合法权益。2017 年 6 月 27 日全国人大常委会通过了修改《民事诉讼法》和《行政诉讼法》的决定,将检察机关提起公益诉讼写入两部法律,标志着检察机关的诉讼领域正在逐步延伸,检察机关的公益代表人职责正进一步显现。最后,监督与诉讼并不矛盾,且指向一致。《宪法》既授予检察机关法律监督角色,又通过第 140 条将检察机关在刑事诉讼中的活动范围予以限制,充分表明检察机关的法律监督作为国家监督,“与检察机关的刑事司法权有不同的对象要求,并受到宪法和法律的限制”①,其诉讼行动的方向、目的和价值在于维护法制统一、维护社会公益,诉讼只是手段,监督才是目的,通过诉讼手段实现法律监督的功能才是正确理解检察机关宪法地位的关键。

厘清司法与法律监督之间的关系是理解公众参与如何从司法向法律监督纵深的前提。公众参与司法仅仅是强调了公民的诉讼相关权利保障,在实践中,除了诉讼权利之外,公民权对国家权力的监督更需要一个妥善的途径进行,检察机关法律监督蕴涵了权力制约权力的功能,昭示着政治民主的功能。具言之,检察机关法律监督之所以能够推动政治民主,是因为除了通过司法程序弥补公民单纯的诉讼权利以外,它还让公民参与到对其他国家权力的监督,在监督的过程中实现公众的个体利益与公众利益。公众参与法律监

---

① 蒋德海:《法律监督:政治制度还是司法制度》,载《学习与探索》2011 年第 6 期。

督，既包含公众参与司法部分的含义，又有公众参与监督的意蕴，而这两者之间实质上殊途同归，最终目的在于尊重和保障人权、维护公平正义，让群众感受到公平正义的同时真正的参与到公权力的制约机制中去。

第四节　公众参与法律监督的实践样态——以人民监督员为例

检察机关作为法律监督机关，集侦查、批捕、起诉等权力于一身，并且在司法程序中作为监督者而存在。由于这种状态，不免引发人们“谁来监督监督者”的质疑。针对这些质疑，最高人民检察院开创性地创制了人民监督员制度，旨在让人民民主融入到检察工作实践，将公众参与纳入法律监督工作的日常中。

一、人民监督员制度概况

人民监督员制度肇始于2003年最高人民检察院制定和发布的《关于人民检察院直接受理侦查案件实行人民监督员制度的规定》（试行），该文件决定在山东、福建、四川等省份试行人民监督员制度，是时，全国共有包含省市区三级共计625个检察机关进行了试运行。次年，最高人民检察院发布了《关于实行人民监督员制度的规定（试行）》通知，决定在全国范围内开展人民监督员制度。至此，人民监督员制度进入了全面实施阶段。人民监督员制度至今已经全面实行十余年之久，期间人民监督员制度不断完善，改革持续深化，国家先后制定和通过了《人民监督员选任管理办法》《关于人民监督员监督工作的规定》等文件，进一步规范人民监督员制度的运行方式。

人民监督员制度作为民主制度的一个分支，在实践中产生了较好的社会监督效果。笔者通过检察系统内部网络查询到上海市人民监督员制度实施的基本情况，希望借此窥视整个制度的运行现状。2004年到2014年10年间，该市共组织人民监督员监督自侦案件467件，平均监督案件数量为46.7件/年，三类案件中拟不起诉案件占到总数的98.9%，五种情形占1.1%[①]，三类案件中同意拟处理意见的有434件，占全部评议案件的94%。从这组数据中我们可以直观的看到，人民监督的主要对象在起诉的裁量范围上。处理结果上，绝大多数人民监督员同意检察机关的处理意见。虽然从表面上来看，人民监督员制度运行状况良好，改变了以往检察机关的隐秘办案模式，提高了办案水平，增进了社会各界对检察机关的好感。[②] 但是，深究这些数字，我们不得不冷静思考，人民监督员程序在实践中真如制度预设的那样美好么？陈卫东教授曾坦言："客观来看，人民监督员制度目前的做秀成分更多一些，充其量只起到了对社会主义政治文明的诠释价值。如果任由现在的趋势发展，人民监督员在实践中走入死胡同是迟早的事。"[③]他认为人民监督员制度最大的"缺陷"在于检察机关对公民权与公权力关系的理解偏差，仍将人民监督员制度看作公民权利的行使，而未将这种公民权转化为公权力。张兆凯教授也指出，人民监督员制度面临着法律依据不足、顶层设计与基层配合脱节等问题。[④]

即便如此，我们也不能否认该制度本身的先进性。它契合了司法民主的世界潮流，况且任何一个初生的制度都将面临着世人褒贬不一的评价。正如意大利著名刑法学家贝卡利亚说的那样，"对于

---

① 根据2015年《最高人民检察院关于人民监督员监督工作的规定》，所谓三类案件指的是，对于人民检察院自侦案件拟撤销案件的、拟不起诉的、犯罪嫌疑人不服逮捕决定的，而原有的五种情形，在此次修改中又增加了三种，共计八种情形，分别是：(1)应当立案而不立案或者不应当立案而立案的；(2)超期羁押或者延长羁押期限决定违法的；(3)采取指定居所监视居住强制措施违法的；(4)违法搜查、查封、扣押、冻结或者违法处理查封、扣押、冻结财物的；(5)阻碍当事人及其辩护人、诉讼代理人依法行使诉讼权利的；(6)应当退还取保候审保证金而不退还的；(7)应当给予刑事赔偿而不依法予以赔偿的；(8)检察人员在办案中有徇私舞弊、贪赃枉法、刑讯逼供、暴力取证等违法违纪情况的。

② 黑龙江省大庆市高新区邀请9名人民监督员参与了职务犯罪案件的庭审，通过庭审，部分监督员表示在履行监督职责过程中"接受了一次警示教育"，"消除了对检察机关办案的神秘感"。韩兵、何其伟、马宇翔：《人民监督员点赞公诉人当庭普法》，载《检察日报》2017年6月19日，第6版。

③ 陈卫东：《人民监督员制度的困境与出路》，载《政法论坛》2012年第4期。

④ 张兆凯、陈忠：《人民监督员制度十年回顾与前瞻》，载《湖南社会科学》2014年第2期。

一切事物，尤其是最艰难的事物，人们不应期望播种与收获同时进行，为了使它们逐渐成熟，必须有一个培育的过程”[①]。现行的人民监督员制度就是一幅公众参与与法律监督的生动画卷，它一方面体现了司法的民主性，另一方面体现了公民权对公权力的制约，这恰是公众政治参与的一体两面。

二、人民监督员制度中的公众参与机理分析

（一）人民监督员的主体

公众参与与公民参与的最大区别就是，公众参与侧重将公共利益作为行动宗旨，公民参与则更强调维护公民个人利益的目的。有学者认为，公民参与司法的主体有四类人：一是诉讼参与人，如当事人、证人；二是纠纷解决者；三是司法监督者；四是上述人员以外的其他人，如见证人等。[②] 依照公利和私利的标准，第三类中的司法监督者应属于公众参与的范畴，因为司法监督者履行义务在于维护司法公正而非个人的诉讼利益。人民监督员制度是为了解决监督者缺失的局面而产生，为了限制检察机关自侦案件的侦查权，引入外部监督强化对自侦权的制约。因此，人民监督员的主体范围属于公众参与的范畴，不应当限定于特定对象。但是在某种场合下，公民参与与公众参与可以混用，如从社会治理的角度，无论是为了监督还是权利救济，公民（或公众）实际上都发挥着社会治理中的监督和引导作用。

2016 年通过的《人民监督员选任管理办法》第 8 条规定了人民监督员的任职条件：拥护中华人民共和国宪法、品行良好、公道正派、身体健康的年满 23 周岁的中国公民，可以担任人民监督员。人民监督员应当具有高中以上文化学历。因犯罪受过刑事处罚的或者被开除公职的人员，不得担任人民监督员。可以发现，人民监督员的选拔对象较为宏观，除了一些年龄、学历、前科等限制条件以外

---

① ［意］切萨雷·贝卡利亚：《论犯罪与刑罚》，黄风译，中国法制出版社 2009 年版，卷首语。

② 胡弘弘、邓晓静：《公民的司法参与权研究》，载《现代法学》2007 年第 6 期。

基本上是面向社会公众的,故而这种监督制度的主体正是公众参与指称的公众。

（二）人民监督员参与监督的途径

根据《人民监督员选任管理办法》规定,人民监督员的选任程序基本遵循以下几个步骤:司法行政机关发布选任公告,公民自荐报名或有关单位组织推荐,司法机关考察确定人选并公示,案件评议时从人民监督员信息库中随机抽选。该办法转变了以往由检察机关作为选任主体的模式,赋予了司法行政机关主体资格,通过选任主体的转变最大程度上保证选任环节的中立性,避免检察机关在选任阶段的不当干预,同时还有利于节约司法成本,便于对人民监督员的管理和规划。

公众参与政治一般有两种形式,间接参与和直接参与,相对应地在人民监督员制度中也体现在两个方面:一方面是通过自荐或推荐的方式进入人民监督员选任范围,在案件需要评议时直接对案件发表意见,办案人员会提前携带案卷向人民监督员汇报案件情况,包括案件事实、相关法律规定、拟处理意见等,然后人民监督员直接向办案人员询问有关问题,在充分了解案情以后会作出最后的评议;另一方面是非人民监督员通过向人民监督员反应情况,请求人民监督员行使监督权。

然而,人民监督员的选任办法缺乏相应配套制度的保障。例如,虽然有自荐的规定,但是关于自荐的程序、方法、报名及救济都未提及,以至于"在普遍公众参与度低潮的社会语境下,这些必要规则的缺失使得公民'自荐'的路径并不明朗,一定程度上降低了人民监督员的私权利参与维度"①。

（三）人民监督员参与监督的层次

武小川博士系统梳理了公众参与的阶梯理论,在对比阿恩斯坦(Arnstein)、康纳(Connor)、托马斯(Tomas)、阿克兰(Akron)四种公众参与阶梯分析理论的基础之上,认为不同的参与阶梯服务于不同

---

① 裴娜、俞启泳:《人民监督员选任制度反思与完善》,载《中国刑事法杂志》2015年第2期。

的研究目的，但是四种阶梯模式在排序上都反映了公众参与的影响力强弱，阿恩斯坦的参与阶梯最完整地描述了公众参与的影响力从强到弱的所有层次。[①] 该理论按照政府干预程度由强到弱划分为八个层次：操纵、治疗、告知、咨询、安抚、伙伴关系、授权、公民控制。操纵是政府完全控制决策过程及结果，公众参与只是形式而已，而公民控制则相反，公民能够自我协商最终决定政府的决策成效。

从人民监督员制度的产生发展以及选任主体的变化中，我们可以清晰地看出公众参与的程度正在逐步提高，公众作为个体的独立性备受关注。人们由最初被"操纵"式监督检察机关办理刑事案件，到通过检务公开参与的"告知"层次，再到现在的"安抚"[②]阶段，公众参与检察机关法律监督的层次也在持续深入。较之当初，虽仅经过短短数十余载，但已不可同日而语，这种深入发展的态势值得肯定。

三、人民监督员制度运行中的民主困境

人民监督员制度是一种政治民主化的制度安排。任何一种民主制度的诞生和成长都无可避免地经受国家权力与公民权利的拷问，国家权力要求尽可能地在民主制度设计时由国家趋于主导，公民权利则急切希望该制度达到"公民控制"的层次，这就如社会治理中，每一个公共政策制定都会使某些人受益而另外一些人利益受损。人民监督员制度也存在零和博弈的负担，只不过这里的受益者是检察机关或是公民的区别。一方面国家希望通过人民监督员制

---

① 关于四种阶梯理论，参见武小川：《公众参与社会治理的法治化研究》，中国社会科学出版社2016年版，第75～90页。

② 之所以将现阶段人民监督员制度认定为"安抚"阶段是因为人民监督员制度的产生就带有"被迫"的色彩，在发展过程中一直受制于司法体制改革的影响，为顶层设计者所主导，公众其实一直被"引导"着走向监督的地位，而非那种"自下而上"式倒逼司法机关吸纳人民监督，这种天生被动性使得公众力量发挥效度并不理想。但是，随着人民监督员制度改革的深入，公众影响力逐步提升，检察机关办理案件时，不得不对公众的反映作出回应，将公众吸纳到对其监督中。但正如陈卫东教授所言，人民监督员制度充其量起到了对政治文明的诠释作用，作为一种宣誓和象征，其目的在于破解被监督者受谁监督的难题，故"安抚"是对现阶段人民监督层次的最恰当定位。

度深化司法体制改革中民主因子缺失的局面，另一方面检察机关仍想守住侦查的自决权，但事实上来看，作为制度设计者的检察机关比制度参与者的公民更具话语权，体现在制度运行上有以下三个方面。

（一）人民监督员知情权保障缺失

知情是监督的前提，如果无法对监督事项的信息全面掌握，监督实效便只会沦为空谈。当前人民监督员获取案情的途径主要是由办案检察官向其陈述案情并出示有关证据，再由人民监督员进行评议。在日常工作中的监督，由于侦查活动的隐蔽性和检察监督的内部性，人民监督员获取信息的途径狭窄。质言之，人民监督员知情的范围即检察机关信息公开的范围，而这个范围的决定权又在于检察机关。由此可见，人民监督员制度的知情权保障现状不容乐观。

（二）监督意见的拘束力不足

"无拘束力的监督，不是真正的监督。提升监督效力是人民监督员制度发展的关键"①，人民监督员在对案件作出不同意处理意见的决定时，检察机关一般做法是"认真对待人民监督员的表决意见""严格落实案件处理结果告知制度""及时向人民监督员进行反馈并听取其建议"。而具体怎么"认真"，如何"严格落实"、何为"及时听取"均无制度性规范约束，以至于监督意见流于形式，难以起到监督的实效。

（三）后勤保障的掣肘

陈卫东教授对某省的人民监督员制度运行状况进行系统调研，发现该地区的资金主要依靠地区财政支持，人民监督员的误工费、车旅费、住宿费占花费的大部分，如果有人民监督员去别的地区进行监督活动，这些费用将会更高。这些经费主要由人民检察院去与当地财政部门协商，"省内一些经济状况好的地区还勉强能过得去，而某些经济欠发达的地区的基层检察院根本无法保障人民监督员

① 徐昕：《人民监督员制度的广安模式》，载《当代法学》2009 年第 6 期。

的补贴发放,其他的费用支出也是举步维艰"[①]。人事与财政是制约人民监督员制度的两大关键,当前选任的问题的解决已初具成效,但经费保障问题却仍未见改善。

① 陈卫东、孙皓:《人民监督员制度运行调研报告》,载《国家检察官学院学报》2011年第5期。

第二章　公众参与检察机关法律监督的正当性基础

正当性是人类所一直追问的话题，现代西方大多数思想家认为正当性即社会公众对政治系统的认同。正当性这一概念作为马克斯·韦伯（Max Weber）政治社会学的核心概念，他提出行动，特别是涉及社会关系的社会行动，可以受到人们相信存在一种"正当秩序"这一信念的指导，而人们的行动真正收到这种信念制约的可能性则称作这种秩序的"有效性"。社会行动者可能基于不同原因认可政治权威，产生不同类型的正当统治，形成统一的意志倾向即"认同感"。所谓"认同感"正是铸就政治权威的核心要件。

映射到本书论题，公众参与法律监督是一个新提法，也是探索公众参与司法的有益尝试，这样一项制度的构建需要广泛的公众认同以以获得正当性基础，而这个正当性构建窃以为首先应符合宪法秩序，接受合宪性考量，再者还需理论与实践的准备。本章试从合宪性、理论、实践三方面论证公众参与检察机关法律监督的正当性基础。

第一节　公众参与法律监督的合宪性分析

一、人民主权原则的转化

(一)人民主权之内涵

主权是一国所拥有的自主权,包括对内的最高统治权和外交独立权,主权国家能够自主选择本国的经济制度、政治制度、管理模式和发展走向,在国际上以独立国家身份与他国进行交往,主权体现着国家的权利能力与行为能力,是“国家区别于人类社会其他组织形式的根本标志,如果国家没有主权也就不成其为国家”①。

虽然主权国家很多,但是由于主权的掌控者不同,其国家形式也不尽相同。林来梵教授在《宪法学讲义》中根据主权原理,梳理出了十种有关主权的概念②,虽然某些不属于国家形式,但反映了学界对于主权认识的多样化。该讲义通俗易懂地解读了三大主权原理:君主主权、国民主权、人民主权。人民主权论最早创始于14世纪意大利思想家马赛流(Marsillio),他认为有种最高权力,其传达的指令具有“全权”的性质,这种权力必须由全体人民行使。英国思想家洛克将人民主权论系统化和理论化,确立了人民主权论,他认为人民基于契约而建立国家,国家应当保护这些结约者的利益,国家所享有的只是很小一部分权力,权力权威仍掌握在人民手中,国家权力必须按照人民意志行使,否则人民就有权力推翻它。人民主权论的集大成者卢梭是彻底的民主主义者,他主张国家的一切权力属于订立契约的人民,国家不能违背人民意志,因为人民才是国家主人。然而其所宣称的直接民主只能是一个美好的愿望,雅典的民主事实告诉我们直接民主只能在小范围内实行,而如若在一个较大范围内进行民主选举,则容易产生随波逐流的意志倾向。

---

① 邓成明:《论人民主权与公民的民主权利》,载《广东社会科学》2005年第4期。

② 即国家主权、君主主权、人民主权、国民主权、议会主权、法的主权(说)、个人主权(说)、人类主权(说)、主权概念无用(说)、主权概念死灭(说)。参见林来梵:《宪法学讲义》,法律出版社2015年版,第239页。

人民主权是当今世界大多数国家立宪的首要原则。我国《宪法》第2条规定，中华人民共和国的一切权力属于人民，可谓是对人民主权理论最直白、最经典的宣誓。人民主权原则是我国《宪法》的逻辑起点，它主要说明了我国权力的合法性问题，是人民主权理论与社会主义制度结合的产物。人民主权原则在我国宪法中集中表现为人民代表大会制度，人民代表大会是人民行使国家权力的最高机关，其他的行政机关、审判机关、检察机关都由其产生、对其负责、受其监督。

（二）人民主权原则的逻辑转化

我国《宪法》第2条第3款规定人民依照法律规定，可以通过各种途径管理国家经济社会事务。现代社会中，民主运作与发展关键在于公众参与，公众通过直接或间接方式参与到公权力的运作中，并使公共意志对公共政策的制定施加影响。公众的政治参与权具有宪法依据，符合人民主权原则，该原则预设了公众参与国家事务的合法性与正当性。

公众参与的公益目的符合人民主权的公共性原理。马克思将公民定义为“公人”，是指参与社会政治共同体亦即参与国家公共事务的政治人。[①] 公民参与政治事务的目的具有两重性，它既是个人利益的维护者，又是公共利益的守卫者，参与的对象包括国家立法、行政决策、司法裁判、法律监督等带有公共性质的国家机关活动。再者，公权力机关是人民主权的载体之一，其所行使的权力具有公共性，公权力行使的目的也在于通过吸纳公众参与到权力运作体系而获得民意基础并证实其具备合法性与正当性。人民主权原则是公众参与的源头，能够在公共性层面上产生一致性共鸣。

公众参与程度是衡量民主化水平的重要指标。民主程度与人民主权的实现程度居于同一坐标尺之上，民主化水平是指衡量民主程度高低的客观标尺。具体而言，民主化水平可以用人民主权的广

① 郭道晖：《公民的政治参与权与政治防卫权》，载《广州大学学报（社会科学版）》2008年第5期。

度与深度去丈量。广度是指民主所涉及的人员范围和贯穿的领域。理想的民主社会,每一个政治决策都能够对社会全体成员起到作用,但是“握有最高权力的人民应该自己做他们所能够做得好的一切事情。那些自己做不好的事情,应该让代理人去做”①。因此,让“在任何规模很大的社会中,使全社会的正式成员在决策过程中都直接起到全面的作用,这是根本不可能的”②,这也正说明了在一定范围内衡量民主广度的可能性。深度则是人民参与公共事务的有效性。影响民主的深度主要有以下几个要素:参与者的素质、参与者的环境、参与者对参与问题的关心程度、民主实践过程的经验因素。③ 公众参与的深度关系着民主的实现效果,如若人民只是简单地“用脚投票”行使权利,那么无论民主的范围多全面,仍不能构成现代意义上的民主。

在我国,检察民主是政治民主的一个重要面向,是极具中国特色的民主实现形式之一,公众参与检察机关法律监督打开了公众参与司法的“另一扇窗户”,为深入政治民主化程度作出表率。公众参与法律监督符合人民主权原则的要求,顺应了人民主权多样化的世界潮流。

二、人民监督的宪法观

人民监督是我国政治设计的精髓之一。狭义上的人民监督专指人民代表大会及其常务委员会作为代表机关对其他国家机关的监督,而广义上的人民监督则包括了社会公众监督、舆论监督、人大监督等一切主体为人民的监督方式。本部分所讲的人民监督特指广义上的人民监督,我国《宪法》规定要让人民通过各种途径和形式参与国家事务,当然应当但不仅包括以人大的形式参与,一般公众的监督尤其需要从宪法层面加以重视。

我国《宪法》中关于监督一词共出现 17 处,而与包括人大及其

---

① ［法］孟德斯鸠:《论法的精神》(上册),张雁深译,商务印书馆 1961 年版,第 9 页。

② 谢建平:《论民主程度——广度和深度》,载《求索》1991 年第 2 期。

③ 谢建平:《论民主程度——广度和深度》,载《求索》1991 年第 2 期。

常委会在内相关监督规定有10处之多，由此可见《宪法》对人民监督理念的贯彻之深。其中能够发挥监督作用的主体有人大机关、行政与司法机关，政协机关以“非权力实体机关”，即俗称社会监督，为了论述方便，我们将人民监督划分为人大监督与非人大体系内的监督。

（一）人大监督

《宪法》第3条规定，全国和各级人民代表大会均由人民选举产生，对人民负责，受人民监督，行政机关和司法机关都由人大选举产生受其监督。人大监督有以下特点：（1）主体的最高性与权威性。在与其他机关形成的监督关系中，人大始终处于主体地位，而不能是客体，这种主体地位又决定了其最高权威性。人大监督的本质是人民行使国家管理职权的形式，其他国家机关的监督权都是由人大授予或委托的。人大监督权威的最根本来源是“它代表人民，它真正代表全国各族人民的根本利益和意志，受到人民的真诚信赖、支持和拥护”[①]。（2）监督规范的普遍性与根本性。从宪法规定可以看出，它的监督内容主要是带有全局性和根本性的事项，而具体的监督手段、方式、后果却较少提及，彭真在第六届全国人民代表大会第三次会议上曾讲到：“全国人大和它的常委会对法律实施的监督，主要是监督宪法的实施，包括履行宪法规定的职权。”[②]人大制度下的分工是为了更好地坚持和维护人大监督权威，例如检察机关的法律监督就源于人大授权，是人大将司法领域的监督权专门委托检察机关行使，但是检察机关法律监督仍需对人大负责并受其监督，这是不争的事理。（3）监督方式的多样性与事后性。人大监督的普遍性要求手段的多样性，宪法既赋予了人大执法检查、听取汇报、问题询问等一般监督权，又有诸如质询、撤销、罢免等专门监督权，二者结合构成了人大监督权的内容。同时，人大监督还带有事后性特点，其监督效力大多发生在违法行为发生之后，而缺乏事前的预防

① 钟海让：《法律监督论》，法律出版社1993年版，第231页。

② 全国人大常委会办公厅研究室：《发展社会主义民主健全社会主义法制——有关重要论述摘编》，法律出版社1988年版，第198页。

性监督。

除了人大监督以外，人大体系内监督还包括行政监督、司法监督等国家机关为主体的监督，在此就不一一赘述。

（二）非人大体系监督

随着我国政治经济的发展，公众参与监督的渠道不断拓宽，非人大监督体系监督逐渐成为弥补人大监督常效性不足的重要方式。由人民直接监督政府本身就是人民监督的题意之一，我国《宪法》第27条第2款明确规定："一切国家机关和国家工作人员必须依靠人民的支持，经常保持同人民的密切联系，倾听人民的意见和建议，接受人民的监督，努力为人民服务"，非人大体系监督包括群众监督、社会团体监督、社会舆论监督等，作为"异体监督"，其与权力体系内监督相比有着不可替代的作用，社会监督是一种直接的监督方式。密尔（John Stuart Mill）在《代议制政府》中传达了这样一个理念：人民直接参与政府权力行使或许是最好的政府。对此，他提出"每个公民不仅对该最终的主权的行使有发言权，而且，至少是有时，被要求实际上参加政府，亲自担任某种地方的公共职务"[①]。人民直接监督政府或许也是最有效的监督方式，知政失者在草野，知屋漏者在宇下，人民是政治实施的直接承受者，通过打通社会监督的多种渠道让人民直接参与监督，是社会主义法治监督体系的重要方面。

非人大监督体系的监督种类繁多，其中信访制度逐渐超越其他的异体监督成为群众监督的主要方式。虽然现行信访制度存在程序不规范、随意性过大等弊端，却并不妨碍信访制度在实践中发挥重要的监督作用。信访制度是具有中国特色的政治设计，设立之初是为了密切党与人民群众的联系，开通基层群众诉求反应渠道，便于人民对党和国家机关的监督。随着社会发展和经济进步，信访制度被赋予了更多的功能，对于群众而言，它承载着利益诉求表达的期待；对社会而言，它是社会矛盾"泄压阀"；对政府而言，则希望通过信访制度来维护社会的和谐稳定。

---

① ［英］J. S. 密尔：《代议制政府》，汪瑄译，商务印书馆1982年版，第43页。

无论是人大体系内还是非人大体系内的监督，都是人民监督宪法观之体现，最终目标在于如何让人民能够更便捷、更有效地参与对国家权力的监督。尤其是在当前社会，有些公众对政府的信任降低，部分公权力机关的公仆意识淡薄，更需要开辟一条人民监督的新路径，从而贯彻人民监督的宪法观。在社会主义国家中，宪法和法律是人民意志的集中体现，党和国家服从宪法和法律就是接受人民监督，因为“民主的实质就是人民对自己的政府有一种真正的控制力，没有自下而上的权力制约的政治管理就只能是专制型的政治管理”①。

三、公民基本权利内涵的体现

（一）保障公民基本权利原理

由于各国的历史背景和文化背景呈现出多样性，基本权利的概念表述也不尽相同。例如美国一般使用“基本的人权”（Fundamental human rights）概念，也有学者采用“宪法上的权力”概念；在韩国，也有学者称“人权”“基本权”“宪法上保障的权利”等；日本则将基本权利表述为人权、基本权、基本人权。“一般而言，在人权一词前面加上一个形容词‘基本’称为‘基本人权’者，其意义大致上与人权相同。在这里所谓的‘基本’，并未代表太多的意义，人权即等于基本人权。”②无论人权还是基本权利，其核心含义都在表达这种权利的重要性，因此各国都将基本权利规定在一国的根本法——宪法当中，以显示国家对基本权利的重视。

尊重和保障公民基本权利已是近代以来不言自明的宪法原理。人们之所以建立国家并赋予国家权威，主要是因为这样一个共同体能够维护其成员个人权利。法国《人权宣言》第3条明确规定：“国民是一切主权之源；任何个人或集团都不具备有任何不是明确地从国民方面取得的权力。”国民权利先于国家权力存在，所以建立国家

---

① 陆亚娜：《我国社会监督存在的问题及其原因分析》，载《江苏社会科学》2007年第2期。

② 韩大元：《基本权利概念在中国的起源与演变》，载《中国法学》2009年第6期。

的根本目的或说唯一目的即保障国民权利，这也是政治国家存在的正当性根源。

基本权利"防御权"功能的兴起与拓展成为宪法在当代社会变迁中的重要特征。保障公民基本权利是宪法的核心价值，关于国家机构、权力配置与运行都"归根结底是防范权力滥用，防范对公民自由的侵犯和保障公民基本权利的实现"[①]。然而，国家是阶级斗争的产物，其为了统治阶级的利益必须建立起所谓的"公共权力"，随着职权扩张，这种权力侵犯到公民权利的风险也随之增加，公民权利与国家权力二元对立和逐渐分化撕裂了宪法的核心价值。无论是美国的法释义学还是德国的法教义学，都是建立在国家与社会二元论基础之上，权利与权力的对峙催生了基本权利的"防御权"功能。

李忠夏教授认为，基本权利的教义学理论缺乏对社会基础和所承载的社会功能考虑，因此"很容易被指责为盲目移植西方各种不接地气的概念和理论而建构中国的法学体系"[②]，宪法中基本权利不仅包括了防御权使命，还需要对其所承担的如道德、价值观念等社会功能予以整合，实现"由对抗国家（作为防御权）向整合社会（通过客观价值规范和基本权利的第三人效力）的功能转变"[③]。论者从中国社会现实的角度分析了市民社会利益分化下基本权利应以中国问题为导向，从而维护社会功能的分化，某种意义上来讲，这是基本权利在当代中国的理论拓展。

（二）公民基本权利中的参与蕴意

2004年《宪法修正案》明确提出"推动物质文明、政治文明和精神文明协调发展，把我国建设成为富强、民主、文明的社会主义国家"。公众参与政治程度的高低是评价政治文明的重要标准，公民广泛地参与政治也是公民基本权利实现的路径之一。过去，国家较多地从整体上强调人大、政协的民主功能，忽视了宪法意义上个人

① 邓世豹：《论公民基本权利的司法适用性》，载《法学评论》2003年第1期。

② 李忠夏：《基本权利的社会功能》，载《法学家》2014年第5期。

③ 李忠夏：《基本权利的社会功能》，载《法学家》2014年第5期。

的政治参与作用。宪法中的人不仅指抽象意义的人民，更是指政治参与过程中具体的每一位公民及组织。国家尊重与保障人权应当从具体的基本权利出发，使“蕴藏在民众中的巨大政治与社会潜力得到充分释放”①。

保障与公众参与有关的基本权利是公众参与检察机关法律监督的关键。这些权利主要有以下四类。

一是平等权与自由权。平等权与自由权是构成其他基本权利的基础，同样也是公众参与检察机关法律监督的基础，“无论侵犯自由权还是平等权均可能会触及‘人之尊严’这一人权核心内涵，因此‘自由’与‘平等’已成为被普遍认可的宪法价值”②。这两种基本权利常被称为最重要的人权，因为它们是公民凭借自由意志从事所有活动的前提，缺乏自由与平等的社会就不存在公众参与的基础条件。

二是知情权。只有知情才可能会有后续的参与之行为。在公众参与法律监督过程中，检察机关必须及时和主动向公众提供相关信息，为公众建立主动获取信息的渠道。近年来，检察机关建立了案件信息网上公开系统，同时制定了《人民检察院信息公开工作规定》③，旨在保障公民对检察工作的知情权。除了网上案件信息公开系统以外，基层检察院探索出了更多的便民信息公开渠道，如手机微信平台、全国电子卷宗系统、视频接访中心等。

三是参与权。参与权是公众参与检察机关法律监督的核心权利，即公众通过各种途径参与到检察机关的工作的权利，这当然也是公众政治参与的重要组成部分。《世界人权宣言》第 21 条规定人人都有权自由选择代表参加本国公务的权利。《公民权利和政治权利国际公约》也规定公民有权在一般平等的条件下参加本国公务。

---

① 郭道晖：《公民的政治参与权与政治防卫权》，载《广东大学学报(社会科学版)》2008 年第 5 期。

② 陈征：《我国宪法中的平等权》，载《中共中央党校学报》2010 年第 5 期。

③ 《人民检察院案件信息公开工作规定(试行)》第 1 条规定：“为了保障人民群众对检察工作的知情权、参与权和监督权，进一步深化检务公开，增强检察机关执法办案的透明度，规范执法办案行为，促进公正执法，根据有关法律规定，制定本规定。”

我国宪法赋予了公民的选举权与被选举权、言论自由权、监督权等基本权利，虽然未将"参与"明确写入宪法，但是无论是选举、言论自由还是监督都隐含了参与的意蕴。

四是获得救济的权利。"无救济即无权利"，普遍意义上的获得救济权利是指公民在权利受到侵害后获得法律救济的权利。我国《宪法》第 41 条分别规定了公民的批评建议权、控告申诉权、取得赔偿权，其中批评建议权属于传统法学理论中的监督权，而控告申诉和取得赔偿权指公民的权利被侵犯后向国家提出诉求并获得赔偿的权利。值得注意的是，宪法中的救济权与民法等私法领域内的救济权不同，它的法律关系主体是特定的，即公民与国家，相对应的是国家的保障义务。公众参与检察监督属于公民与国家之间互动而产生的权利义务关系，那么必然要面对权利救济问题，但是宪法上对基本权利救济的可诉性是否妥当，如宪法司法化一样一直是困扰宪法学界的难题。①

第二节　公众参与法律监督的理论基础

公众参与法律监督的必要条件有三个：一是公众如何获得对作为公权力的法律监督权的一致性认同；二是公众作为一个整体，通过各种途径并尽可能地扩充自己的权力，从而能在检察机关做出的决策中起到实质性影响；三是检察机关法律监督的价值目标和承诺多大程度上可以满足公众的期待。由此对应三个关键词："认同""参与""有效性"，以上三个层面的理论共同铸就了公众参与检察监督的理论基础。

---

①　学者张维对获得救济权的可诉性有系统论述，他认为如若国家不当履行保障义务或救济义务，而法律又未规定该行为可诉，那么这种缺乏国家强制力的救济权难以从法律权利向现实权利转化，他主张可参考社会权的司法化为救济权的司法化提供解决路径。参见张维：《权利的救济和获得救济的权利——救济权的法理阐释》，载《法律科学(西北政法大学学报)》2008 年第 3 期。

一、权力合法性理论：获得公众认同之逻辑

（一）权力的合法性理论简述

权力的本质是公众对某种价值或制度的一致性认同。合法性对应英文是 legitimacy，原意指“嫡生子，合法婚姻父母所生的孩子，同时还指有合法继承权的人”①。政治层面上的合法性关注权力以及由它产生的秩序获得内部和外部的普遍承认。权力的合法性理论并非作为一个单独的理论元素而存在，它是不同时期和不同阶段人们对权力合法性理论认识的集合。

马克斯·韦伯开创性地提出了正当统治理论，他认为权力的合法性基础有三种类型：传统型、个人魅力型和法律理性型（也称法制型）。传统型认为权力之权威来源于古老规则与权力之神圣性的宣称和信仰。② 在这种权力架构中，权力认同是主权者与民众传统的、习惯性的行为方式，它可以是某种特定身份、社会地位。个人魅力型的要旨在于人们相信某个人具备英明的、智慧的和神圣的神秘力量，譬如巫师、萨满、北欧神话中的“熊皮武士”等。法律理性型认为权力的合法性基础是“一套内部逻辑一直的法律规则以及得到法律授权的行政管理人员所发布的命令”③，即我们所讲的法律之治。在这种权力逻辑下人们所信奉的不是特定的习惯或传统，也不是某位领袖的卡里斯玛，而是法律。行使权力的人是“经由合法程序而被任命或选举出来的官吏，他们的权力来源和合法性基础在于宪法和法律的授予”④。

美国著名政治学家阿尔蒙德（Almond）将政治文化与合法性联系起来，运用功能主义分析法建立了政治文化观。他认为政治体

---

① 高克东主编：《英语同义词辨析词典》，吉林教育出版社 1992 年版，第 749 页。

② 郑戈：《法律与现代人的命运：马克斯·韦伯法律思想研究导论》，法律出版社 2006 年版，第 101 页。

③ 郑戈：《法律与现代人的命运：马克斯·韦伯法律思想研究导论》，法律出版社 2006 年版，第 104 页。

④ 谢佑平、万毅：《法律权威与司法创新：中国司法改革的合法性危机》，载《法制与社会发展》2003 年第 1 期。

系、政治权威人物与公众认同度密不可分，政府失去合法性的原因在于政府领袖遭到公民反对。另外，世俗化的文化难以满足人们的需求，“世俗化的结果是：公众的参与不断增加，合法性越来越取决于政府的作为，政策倾向于改善生活质量的明示努力”[①]。西方马克思主义者则更关注意识形态与合法性的关系，如葛兰西（Gramsci Antonio）认为，意识形态通过知识在实践中起着支配权力的作用。他分析了国家与市民社会的关系，提出“统治阶级的意识形态在社会建构的过程中，发挥着权力支配的功能，但这种支配功能是通过人们自觉认同的方式实现的，这是现代国家进入市民社会领域中发生作用的重要方式之一”[②]。

法国当代著名政治学家让－马克·夸克（Jean-Marc Coicaud）系统阐述了政治领域“合法性”的含义。合法性的理念首先通过它与赞同、规范网络和法律三个概念之间关系来给出定义，在社会内部个体围绕规范网络形成政治认同，而法律是“作为保护和颁布就合法性所达成的一致而被构想的”[③]。他还认为，现代社会下合法性大多表现为和法律性，但是必须“只有当和法律性表达了团体的同一性时，我们才可能将合法性阐述为与法律的一致性”[④]。

我国当代学者对权力的合法性也有大量讨论，如姚大志教授提出除了民主政治和公平原则以外，善治也是合法性的要素之一，合法政府不仅要在产生方式上合法，还需尽可能地满足善治之要求，但是，即使产生方式未满足合法性要求，因为满足善治的要求，所以也可能是合法的。他认为民主只能给权力带来形式上的合法，而善治则提供了实质的合法性。[⑤] 唐土红从道德伦理视角提出了伦理因

---

① ［美］加布里埃尔·A. 阿尔蒙德、小 G. 宾厄姆·鲍威尔：《比较政治学：体系、过程和政策》，曹沛霖等译，上海译文出版社 1987 年版，第 122 页。

② 仰海峰：《葛兰西的意识形态理论及其当代效应》，载《马克思主义与现实》2006 年第 2 期。

③ ［法］让－马克·夸克：《合法性与政治》，佟心平、王远飞译，中央编译出版社 2002 年版，第 2 页。

④ ［法］让－马克·夸克：《合法性与政治》，佟心平、王远飞译，中央编译出版社 2002 年版，第 33 页。

⑤ 姚大志：《善治与合法性》，载《中国人民大学学报》2015 年第 1 期。

素是公民"体认权力是否正当的前提"①;叶国文借用力学中的势能理论,提出"占有势能的单向运动导致强制支配力——权力的形成"②。

（二）权力合法性理论启示

综上所述,无论是西方政治哲学还是我国关于权力合法性的论述,"认同"或"赞成"始终是权力合法性理论的核心词语,在韦伯那里认同被理解为"对合法性的信仰",在卢梭那里被称为"公意",在夸克那里是对统治阶级的"承认"。我国学者大多则认为权力合法性依据是公众对政治系统的认同。"认同"原本是社会学中的一个重要概念,它源自拉丁文 idem,指人们对某一事物产生的认识上一致性和心里上的归属感。③ 权力的合法性表达,是公众对政治及其领导人的肯定、信任和支持,如果权力所表达的价值蕴涵未能都得到公众一致的肯定评价,那么权力的合法性就会受到挑战。因此,公众认同是权力合法性评价的实质基础。

对于检察机关法律监督来讲,政治体制改革和司法体制改革浪潮确实对其法律监督权的宪法定位提出挑战。但是权力的合法性来自于公众的认同,检察权的运行更需要借助公众认同来型塑其自身的合法性。这是因为:检察监督的封闭性缺少公众参与的"先天"优势,因此在司法体制改革中检察机关的权力一再受到学界和公众质疑,其直接结果是使检察权不断被分解;检察机关奉行"检察一体原则"使得检察机关的行政属性高于一般司法机关,加上"监督"行为本身因其"居高临下"的特性容易引起被监督者的"反感",在改革的冲击下检察机关的监督地位更容易遭受冲击;检察权的程序性权力特性与公众对实体性权力的认同产生间隙,公众参与的意愿和渴望不大。

① 唐土红:《论权力合法性的伦理意蕴》,载《伦理学研究》2010 年第 5 期。

② 叶国文:《权力合法性:一种权力起源模式的思考》,载《理论探讨》2003 年第 5 期。

③ 认同所强调的是集体的一致承认,而非个体的承认,承认是一种寻求心理归属的活动,这种归属感的发生是个体自身与对象之间对共性识别的过程,基于对群体价值、规范的认可,自然而然地在行为模式上向群体靠拢,自觉接受群体规范的制约。

通过公众参与检察机关法律监督，能够重塑公众对检察机关工作的认同，让检察机关在政治体制改革和司法体制改革中"立得正、站得稳"。美国联邦检察官、前美国驻中国大使馆法律顾问柏恩敬（Ira Belkin）曾说过，源于中国法制建设的需要，在法制建设的初期，检察制度保留还是很有必要的，但是现在最重要的是老百姓对司法要有信心，要努力提高老百姓对司法的信心，如果提高了对司法的透明度，会增加老百姓对司法公正的信心。[①] 检察权的自信源自人民的信任，检察权的合法性则源自公众的政治认同。

二、激发权能理论：公众参与权之基础

（一）激发权能理论背景

激发权能理论又称充权理论，是社会学上尤其是社会工作学领域使用频率较高的概念，最早是西方政治学家提出用来解决种族问题的，后来经过帕森斯（Parsons）、克尔福（Kieffer）、古铁尔勒茨（Gutiérrez）等人重新梳理，逐渐发展成为许多学科领域的通用理论，具有强解释性。激发权能的英文表述是"empowerment"，其有着丰富的内涵以至于难以下一个精确的定义。在心理学领域激发权能是指"拥有或得到某种控制自我、把握个人生活机会的积极感觉"[②]，在社会公众学中激发权能就是"协助弱势群体或个人排除各种主观的和客观的权力障碍，通过正面的经验感受自身的力量并激发内在的动力，在社会参与中改善自己的生活状况"[③]。激发权能理论主要由四个核心概念组成：权力、去权、无权、激发权能。

权力是激发权能理论的基础概念。周林刚教授对权力概念做了系统论述，通过比较他认为权力是指行动者在生活中所拥有的获

---

① 蔡定剑：《监督与司法公正》，法律出版社2005年版，第307页。该文章是根据柏恩敬在"监督与司法公正国际研讨会"上的发言整理。

② 周林刚：《激发权能理论：一个文献的综述》，载《深圳大学学报（人文社会科学版）》2005年第6期。

③ 赵林海、金钊：《充权：弱势群体社会支持的新视角——基于青少年社区矫正的研究》，载《山东社会科学》2006年第2期。

取资源的能力和主观感受。[①] “去权”与“无权”是激发权能理论的组成内容，“去权”是指部分群体的权力被剥夺的过程，例如在司法公开活动中，有些司法机关规避社会公众的主动参与行为，而导致这部分社会公众呈现“去权”的过程。而“无权”则是一种缺乏权力的状态。激发权能理论所要解决的是消除“无权”和“去权”这两种状态，达到公众自由运用权力、教化权力，利用社会各种资源取得“增权”的效果。激发权能理论旨在使个人有能力通过自己的行动，实现法律或制度赋予的权利。

激发权能理论的核心要义在于个体主观能动性的发挥，即“个体的觉醒”。激发权能理论预设了“每个人都有足够的潜能”前提，即使在某些时候个体处于恶劣的环境之中，也能够通过努力将这些力量释放出来，这种努力包括自身的努力与外部帮助。自身努力包括提升个体素质，培养自我的参与意识，提高抓住机遇的能力，从而形成权利自觉。自身努力离不开特定的社会境遇，个体觉醒与群体觉醒存在个性与共性之联系，在个人努力的同时社会群体、组织、社区、团体及政府都应为其提供一定的资源，协助个体权能的激发。

（二）公众参与法律监督中的参与权能激发

公众参与法律监督的核心是参与行为，从行为转化为行动必须有动力保证。王锡锌教授认为，在行政参与领域由于信息开放性、社会组织化程度等不完善，公众参与的有效性、有序性都面临着一定的问题，因此如何通过“‘公众充权’来落实公众的表达权、知情权、参与权、监督权，将是我们面临的新公共运动时代的核心命题”[②]。公众参与的政治参与程度低与参与权能的激发程度不无关系。随着社会层级分化加剧，社会弱势群体掌握的政治资源愈加稀少，一方面，公众的无力感和“去权”感受导致社会信任逐渐消解；另一方面，公众的参与活动逐渐被边缘化，从“去权”发展为“无权”

---

① 周林刚：《激发权能理论：一个文献的综述》，载《深圳大学学报（人文社会科学版）》2005年第6期。

② 王锡锌：《公众参与：参与式民主的理论想象及制度实践》，载《政治与法律》2008年第6期。

状态。

目前,在检察机关法律监督领域的公众参与权层次较低,充分说明公众参与权能激发不足的现状。检察机关需要建立自身的监督权威和公信力,必须获得公众的支持,而获得公众支持的前提则是充分激发公众参与权,激发公众参与热情。质言之,检察体制改革若想获得成功,除了完善制度本身以外,还要在公众参与行为动力上下足功夫。本书认为,公众参与权的激发需要四个要素支撑:信息共享、参与意识、能力塑造、群体协助。

1. 信息共享。信息作为现代社会重要的沟通媒介,是人们从事各项活动的基础。信息就是力量,公众参与权的激发首先要建立检察机关与公众之间双向的信息共享机制,尤其是在重要案件信息领域,不仅要让公众“知其然”,更要“知其所以然”。虽然检察机关案件信息公开平台打破了多年来检察机关信息闭塞的局面,但是经笔者调查发现,目前案件信息公开的程度实难满足公众的参与的愿望与需求。[①] 信息共享是激发公众参与检察机关法律监督的前提要件。

2. 参与意识。从参与的动力来源可将之划分为主动参与和被动参与,即“自愿”模式和“动员”模式[②]。主动性参与所反映出公众的真正利益需求更加真实,而被动式参与模式中掺杂了各种不确定因素,或政策、利益驱动,或业绩考核压力。检察机关吸收公众参与时公众的被动与主动性参与意识直接关系着公众参与法律监督的有效性。如学者所言:“以公民参与意识来考察公民参与的模式和影响因素才更具现实性和有效性”[③],公众参与意识,尤其是主动参

---

① 检察机关案件信息公开网作为检务公开的重要门户网站,主要是对案件程序性信息及公诉法律文书进行公开,笔者查询了近百个案件信息及公诉法律文书,发现案件程序性信息及起诉书仅包括被告人、涉嫌罪名、日期、简要案情,缺乏案件的审查推理过程及说理部分内容,这些属于检察办案中属于内部文书“审查报告”的内容,也恰恰是公众最期待了解的信息,这部分信息公开的缺失阻塞了公众与检察机关进行信息共享的渠道。

② 刘昌雄曾提出:“我国公民参与正在从动员模式向自愿模式转变,但公民参与的自觉性和主动性仍较低,动员性参与仍然发挥着很大作用。”参见刘昌雄:《当代中国政治参与的特征分析》,载《探索》1998 年第 5 期。

③ 孟天广、马全军:《社会资本与公民意识的关系研究——基于全国代表性样本的实证分析》,载《中国行政管理》2011 年第 3 期。

与意识的培养是激发权能和建立公众参与检察机关法律监督机制的核心环节。

3. 能力塑造。能力塑造是指公众参与中个体能力素质培养，“公民的政治人格塑造和参与能力的培养应该是民主政治发展、政府治理和决策民主化的关键因素之一”①。影响参与能力的因素有很多，如教育水平、经济条件、制度建设等，这些都是直接引起公众参与能力高低的因素。法律监督具备很强的专业性，它离人们的日常生活较远，除非具有一定的法律基础知识，否则很难真正参与到检察机关法律监督活动中去。塑造参与能力是激发公众参与的必备要件。

4. 群体协助。激发权能理论强调外部力量的介入，通过外部协助弱势群体转变物质上或精神上的匮乏状态。公众是一个社会群体的全称，在“推动公民有序参与政治”的背景下，个体若想发挥自我权力的最大化就必须获得群体协助，这个群体可以是民间组织、行业协会、社区团体等。在我国，针对行政领域的民间组织较多，公众参与行政决策获得群体协助较为容易，而在司法领域却罕见有相关群体组织协助。通过外部力量去激活公众参与权，借助主客体之间的互动实现公众有效参与，是激发权能理论在法律监督领域新发展。

三、社会正义理论：参与有效性之目的

公众参与检察机关法律监督有微观与宏观两方面价值目标。微观层面，作为个体公众参与的目的是维护自身权益，利用参与行动获取有利的司法资源；宏观层面，公众参与是为了实现整个社会的公平正义。检察机关法律监督承载着多种价值目标，如权力制衡、政治民主、法制统一等，其不仅要通过履行职能维护自身正义的实现，还要维护其他国家权力机关的正义。检察机关与公众参与之间有着共同的价值指向，因此实现社会正义的程度是衡量公众参与检察机关

---

① 孟凯、石路：《公共行政决策中的公民参与能力》，载《新疆师范大学学报（哲学社会科学版）》2014 年第 5 期。

法律监督的重要参照,也是公众参与有效性的直接体现。

(一)社会正义理念之解读

在西方语境中,常用"justice"指代"正义""公正""司法""法官"等。正义可以表示一种制度、一种观念、一种价值。有人主张应当从个体利益出发解读正义,有人认为应从集体利益出发;有人主张再分配,有人则反对;有人从社会秩序角度阐释,有人从国家利益角度分析。至今人们对何为正义未有一个完整和明确的概念。实际上人们也难以对正义形成一致的概念,如阿玛蒂亚·森(Amartya Sen)所讲:"人们对正义这个主题的一次又一次冲击,试图说服其他人自己对正义的看法是正确的。"①柏拉图最早构建了关于正义的理论框架,他认为一个国家或城邦是否正义取决于四个要素:智慧、勇敢、节制和正义,正义是最高美德;《法学阶梯》中认为正义是"给予每个人他应得的部分的这种坚定而恒久的愿望"②;亚里士多德认为正义与他人的德性有关,关涉人际之间和谐的秩序;休谟(David Hume)将正义视为人类为应付环境和需要所采用的人为措施或设计,是一种使人快乐和赞许之德③;凯尔森(Hans Kelsen)认为一个社会秩序之所以合乎正义,是因为"这种秩序把人们的行为调整得使所有人都感到满意,也就是说,所有人都能在这个秩序中找到他们的幸福"④,因此正义就是社会幸福。

自从黑格尔哲学体系建立之后,原有的正义观念土崩瓦解,边沁(Jeremy Bentham)的功利主义正义观一时期内成为主流思想。边沁认为人都是趋利避害的动物,快乐与痛苦决定了人们的行动,所以,立法者在立法时也要考虑快乐与痛苦之间的比例关系,社会正义就是设计一套能够满足社会大多数人幸福的制度来增进幸福感。功利主义主张的正义理论所强调"大多数人利益"是片面的,在社会利益总量既定的前提下,一部分人利益的增加必然引起另一部分

---

① Amartya Sen, *The idea of justice*, Allen Lane, 2009, p. 43.

② [罗马]查士丁尼:《法学总论》,张企泰译,商务印书馆 1989 年版,第 5 页。

③ [英]休谟:《人性论》,关文运译,商务印书馆 1980 年版,第 517 页。

④ [奥]凯尔森:《法与国家的一般理论》,沈宗灵译,中国大百科全书出版社 1996 年版,第 6 页。

人利益的损害,因此功利主义下的正义并非真正社会正义。美国著名政治学家罗尔斯(John Bordley Rawls)向功利主义发起了强烈抨击。"二战"后美国社会的不平等现象大量发生,种族歧视、就业歧视、以"嬉皮士"现象为代表的道德滑坡,社会贫富差距加大引起了社会公平失衡,功利主义正义观过分强调自由而忽视了平等在实践中暴漏出了解释困难。因此,罗尔斯认为公平正义要大于自由正义,进而提出分配正义理念,包含两个基本原则:一是自由平等原则,二是差别和机会平等原则。①

马克思考察了多个历史形态,从黑格尔的法哲学中汲取营养,形成了系统的正义理论。他批判了罗尔斯的分配正义理论,指出罗尔斯的自由平等原则只有在一定条件下才被看作是正义的,即每个人的基础条件毫无差别。这种形式上平等本身就是有缺陷的,实质上平等才是真正的平等。同样,马克思对罗尔斯的机会平等原则也予以驳击与超越,从而建立了分配正义的原则。他认为社会不正义的根本源自于人、劳动与劳动产品在社会中的异化,劳动是人最根本的生存需要,而不是奴役他人的手段,他指出"私有财产的主体本质,作为自为的活动、作为主体、作为个人的私有财产,就是劳动"②,因此只有消灭异化劳动才能真正消灭私有财产,才能实现社会的正义。

纵观古今对正义的追问,我们发现,人们对正义具有相当一致的认同,但是对何为理性不同学者有着不同观点,如有认为理性就是德性,有认为理性是最大人的幸福。当代社会,价值的多元化型塑了人们不同的正义观,但是理性永远是对待正义的出发点。随着社会自由程度的提升,必然会引起人们对现代社会各项制度的反思:哪些符合理性要求而哪些需要被遗弃。正义观念将成为整个社

---

① 关于第一个原则,他指出:每个人对与其他人所拥有的最广泛的基本自由体系相容的类似自由体系都应有一种平等的权利。第二个原则:社会的和经济的不平等应这样安排,使它们被合理地期望适合于每一个人的利益;并且依系于地位和职务向所有人开放。参见[美]约翰·罗尔斯:《正义论》,何怀宏等译,中国社会科学出版社 1988 年版,第 56 页。

② 《马克思恩格斯全集》,人民出版社 1979 年版,第 112 页。

会和个人共同追寻的价值目标。

(二)检察正义与公众参与

我国检察制度的宗旨是“强化法律监督,维护公平正义”。法律监督与公平正义实质上是手段与目的的关系,法律监督是维护公平正义的手段,公平正义则是强化法律监督之目的。检察机关在保障公平正义中起着至关重要的作用,并且这种作用具有不可替代性。这是因为虽然宪法规定了公检法三机关相互配合相互制约的关系,但是检察机关除了在诉讼活动中起着承上启下之作用外,同时还承担着侦查监督、审判监督、行政监督等职能,作为宪法授权的法律监督机关,检察机关负有行使监督权力以保障社会公正实现之责任。

作为实现社会正义的共同体中的一员,检察机关的法律监督离不开公众的参与。以职务犯罪领域的查办为例,据统计,2013 年至 2015 年全国各级检察机关受理群众举报线索 107. 4 万件,比前三年增长了 95. 9%[①],群众举报成为职务犯罪案件查办的主要来源。据报道,自 2013 年至 2015 年广东省人民检察院共受理举报线索 31, 625 件,通过群众举报查处的职务犯罪案件约占案件查处总量比例的 60%。[②] 检察机关查办职务犯罪案件是行使法律监督权的一个重要方面(虽然职务犯罪侦查权已经转隶,检察机关仍具有打击职务犯罪的职责),但是由于人力物力资源有限,贪腐案件又具有较强的隐蔽性,检察机关难以在第一时间发觉腐败线索,大量的贪腐都存在数年后才被挖出。事实上,公众的控告和举报恰好弥补了这一“短板”,公众在许多场合上是公权力行使的客体,对于权力腐败极为敏感,一旦个人权利受到侵犯,将会积极寻求有效的救助,这促使公众逐渐成为反腐斗争的中坚力量。

---

① 徐盈雁、李婧群:《群众举报成检察机关查办职务犯罪案件主要来源》,载中国法院网:http://www.chinacourt.org/article/detail/2016/07/id/2011550.shtml.,最后访问日期:2017 年 8 月 10 日。

② 周颖、詹奕嘉:《近三年六成职务犯罪案件来自群众举报》,载中新网:http://www.chinanews.com/sh/2016/06-23/7915387.shtml.,最后访问日期:2016 年 6 月 23 日。

检察机关法律监督的社会效果(正义)是检测公众参与有效性的重要标尺。公众参与的有效性很大程度取决于公众对检察决策的影响程度,公众通过参与检察机关活动,在检察监督权力行使中彰显个体意识。检察机关在公众参与的基础上进行检察监督是否符合公众对正义的期待,是否满足"深藏于集体意识中的正义情感"①,同样也是对公众参与有效性的司法回应。以此为切入,公众参与检察机关法律监督的制度设计应注意以下三点:

第一,保证民意的广泛代表性。参与主体必须能够尽可能广泛地吸收社会大众,让不同阶层、不同行业、不同教育水平的公民参与到法律监督权的行使中来。要建立科学的、独立的公众参与选拔机制,使公众参与真正体现公众意志。

第二,检察环节公众参与的效果体现。公众意志转化为检察决策需要一套与公众参与相匹配的制度或机制,如公众参与的表达机制、检察决策的形成机制、检察案件质量评查机制等。现有的诸如控告申诉、人民监督员等制度中缺乏系统的和直接的公众参与规定,难以形成长期有效的公众参与制度,因此在现行法律框架内建立公众参与相关的一系列制度将成为必须。

第三,扩大检务保障的范围,解决公众参与的后顾之忧。将公众参与的活动经费列入检察预算范围,建立与公众参与相适应的电子检务系统,从财政、装备、技术、管理等方面为公众参与提供全方位支持。

第三节 公众参与法律监督的实践基础

马克思曾在《关于费尔巴哈的提纲》中指出:"全部社会生活在本质上是实践的","哲学家们只是用不同的方式解释世界,问题在于改变世界"。② 实践是世界、人的本质特征,人的认识也是建立在实践的基础之上,系统科学地分析事物的实践基础,有助于认识该

① 梁根林:《公众认同、政治抉择与死刑控制》,载《法学研究》2004 年第 4 期。

② 《马克思恩格斯选集》(第 1 卷),人民出版社 1995 年版,第 54 ~ 56 页。

事物的本质。本节将对公众参与检察机关法律监督的实践基础进行探讨，希冀在当前民情、社情复杂多变的形势下进一步厘清公众参与检察的实践基础。

一、公民法律意识的培养与提升检察职业能力水平的实践需求

（一）法律意识保障法制运行，在法律适用中所体现的公众遵守与认同维护着法律的权威

俄罗斯学者拉扎列夫认为："法律意识的水平越高，则它就越更大程度地表现了法律意识的调整作用，使人们的行为符合反映在法中的目的和意志，法治和法律秩序也就越巩固。"[①]公众参与检察能够深化公民对国家机关遵法守法、依法履职的认识，在参与过程中亲身体验我国司法制度的实际运行状况，从而提升法律素养和法律意识。

中国自古就有"为国以礼"和"以德治国"的政治传统，虽然法家思想曾有过短暂的辉煌，但儒家德治思想一直为中华传统法制思想所沿用，是封建统治的正统思想。费孝通将传统的中国社会称为"乡土社会"或"熟人社会"，人与人之间的关系主要依靠礼俗来维持，与现代法制社会形成鲜明的对比。曾有学者对影响农民法律意识因素做系统问卷调查，结果显示在受访的 3673 位农民中，34. 9% 的农民表示社会中还存在权大于法的现象，31. 3% 则认为可能或差不多存在，另外，仍有 34. 1% 的农民认为钱能买罪。[②] 郭洪伟借用"维权"之名串联多人进行闹访滋事，在社会上造成恶劣影响，这说明除了维稳体制因素以外，公民维权法律意识淡薄也成为事件发生的主要因素。[③] 上述调查与案例无不说明了当前公民法律意识现状的窘态。由于知识水平的差距，大多数公民只能根据自己的经验和

---

① ［俄］B. B. 拉扎列夫主编：《法与国家的一般理论》，王哲等译，法律出版社 1999 年版，第 182 页。

② 刘金海：《现阶段农民法律意识的调查研究——基于 269 个村 3675 个农民的问卷分析》，载《华中农业大学学报（社会科学版）》2015 年第 1 期。

③ 根据 2017 年 1 月 3 日中央电视台新闻频道专题报道，郭洪伟利用建立的两个 QQ 群，对共计 800 余人进行煽动闹访，形成了一个有组织的闹访队伍，有些正常访民经过煽动，就会走向极端，脱离法治途径，产生群体的闹访缠访现象。

对法律的有限了解，来认识、评价实践中出现的司法现象，并根据这些经验指导自己的行为。但是仅依靠公民自身能力“被动地”提升法律意识，已远远不能满足政治发展和社会变迁的需要，通过制度性构建主动地引导公民法律意识的提升是国家应尽的义务。

检察机关的法律监督职能具有“辐射”效果，基本已经形成了对其他司法行政机关全面监督的框架格局。并且，检察机关作为法律监督的“常设”机关，其监督方式是具体的、显现的、主动的，相比人大监督有着明显优势。公众参与，既能够让公众作为旁观者切身体会到司法、行政机关的实际运行状况，建立对国家权力的认同感，客观上又能通过交往使法律理性在公众之间相互传播。

（二）检察职业能力水平反映了检察机关依法履职，尊重检察规律的程度

改革开放四十余年，检察机关在打击犯罪，维护社会稳定方面做出了重要贡献，但近年来，新型犯罪案件、严重刑事案件频发，对检察机关提出了新的挑战和要求，如张智为等人电信网络诈骗犯罪，涉案人员多，共计涉案 353 人，跨越多个国家作案，检察机关在侦查环节的提前介入是保证案件顺利诉讼及审判的重要保障，检察人员不仅要掌握新型犯罪知识及熟悉相关法律法规，更要在监督手段上紧跟时代步伐。具体而言，检察职业能力主要包括以下几个方面：(1)侦查阶段的能力，即破案能力，也就是能否在众多现象中厘清涉案证据，明确侦查方向的能力；(2)审查逮捕能力，包括对侦查活动监督能力和准确做出逮捕与否的决定能力；(3)审查起诉能力，包括审核案件整体证据、对非法证据的排除、对其他案件证据的补充、准确起诉与不起诉能力等；(4)审判与执行监督能力，包括抗诉能力与监管活动监督能力等。

检察职业能力的提升需要公众参与。这是因为：首先，检察职业能力是实践能力，检察业务面向的是实践中的具体的案件，公众作为实践的主体本身就存在于检察业务实践中；其次，检察职业的目的指向公众，我国检察机关办案原则在于充分依靠群众，那么依靠群众的智慧提升检察职业能力符合该原则要求；最后，人都具有一体两面性，是感性与理性的综合体，法律职业素养使得检察官面

对刑事案件时应坚守理性底线,但是也"要清醒地意识到理性的限度,自觉抵制理性的狂妄"①,公众意识体现了感性抑或经验的原理,是弥补检察官感性不足的"天然试剂"。

二、新时期检察体制改革的探索是公众参与的实践智慧

2016年7月20日,第十四次检察工作会议是检察机关转型时期召开的一次重要会议,这次会议在总结近年来检察改革经验的基础之上,系统部署了"十三五"期间检察工作的总依据和总要求。无论是回顾还是部署、展望,会议都直接或间接强调了检察体制改革的人民性这个根本出发点和落脚点。时任检察长曹建明在会议上首次提出"加强检察公共关系建设",包含以深化检务公开、加强检察宣传、完善外部监督制约机制三方面,在完善检察监督体系中,特别强调公益诉讼和建立新型控告申诉公众机制。截至2017年6月,检察体制改革成效逐步显现,深层次效应也在不断地被挖掘。《检察日报》有文章指出此次检察体制改革有十个方面效应,其中公益诉讼、冤假错案纠错机制、涉法涉诉信访、阳光司法机制、检察权监督机制等半数成效均体现了改革的人民性指向。

改革的发生均是建立在对实践充分探索基础之上,累积起来的实践经验又是评价改革成败的要素之一。近年来大量的检察实践充分说明一个问题:检察体制改革需要公众参与,检察体制改革的成果需要接受公众检验。以检察机关提起公益诉讼改革为例,长期以来,大多数的公益诉讼案件由于原告主体不适格而被法院驳回,如中国生物多样性保护与绿色发展基金会(以下简称绿发会)于2015年8月13日向宁夏中卫市中院提交诉状,正式向污染腾格里沙漠的8家企业发起公益诉讼,但是由于绿发会作为民间非营利性公益组织,其章程并不满足新环保法及相关解释中的"从事环境保护公益活动"的主体资格,因而不符合原告资格,法院拒绝受理。②

① 张志林:《因果观念与休谟问题》,中国人民大学出版社2010年版,第86页。

② 李林、李雅娟:《中国绿发会诉污染腾格里沙漠企业遇"证明"尴尬》,载《中国青年报》2015年8月29日,第4版。

另外，社会团体及其他公民在面对环境污染事件时还存在取证难、专业能力短缺等问题，严重制约了我国环境公益事业的发展。

为了避免"公地悲剧"的再次上演，自 2014 年起，党的十八届四中全会就决定提出要探索建立检察机关提起公益诉讼制度。2015 年全国人大常委会授权最高检在 13 个省市开展试点工作，2017 年 5 月 23 日，习近平总书记主持召开中央全面深化改革领导小组第三十五次会议，审议通过了《关于检察机关提起公益诉讼试点情况和下一步工作建议的报告》。随后不到两个月，《民事诉讼法》和《行政诉讼法》修改通过，标志着检察机关提起公益诉讼制度正式确立。纵观试点改革这两年，全国各地检察机关积极探索，在改革框架内各自建立了符合当地实情的配套措施。根据江苏省检察院发布信息，试点两年以来该省共办理公益诉讼 62 件，收取环境污染索赔金额达 2.3 亿余元，取得了良好社会效果；[①]陕西省院通过推动行政机关依法行政，挽回被损毁林地 1822 亩，清理被污染水域 4888 平方公里，收回国有土地出让金 1.91 亿元；[②]吉林省通过公益诉讼恢复林地 4 万公顷，恢复湿地 3.9 万公顷，挽回国家损失 2 亿元。[③] 检察机关提起公益诉讼制度还在持续的探索中，从目前看来，公益诉讼由于其"民生""民心""利民"的优秀品质，获得了全国上下的一致认同。

除此之外，人民监督员制度、涉诉信访机制、检察公开制度等也正历经实践的考验，成为人民检察工作新的职业增长点，带动我国整个检察事业在改革的浪潮中砥砺前行。以"人民的名义"所构建的制度有着得天独厚的生长优势，因而在今后的改革中，应不忘初心，冠之以人民之名更要冠之以人民之实，让人民的评价成为检察体制改革的"试金石"。

---

① 陆华东、朱国亮：《江苏省检察机关试点公益诉讼两年索赔 2.3 亿余元》，载新华网：http://www.xinhuanet.com/legal/2017－08/16/c_1121494701.htm.，最后访问日期：2017 年 8 月 16 日。

② 吕贵民：《陕西检察机关全面开展公益诉讼工作》，载《陕西日报》2017 年 9 月 4 日，第 13 版。

③ 祝大伟：《吉林：公益诉讼催生治理合力》，载《人民日报》2017 年 3 月 22 日，第 19 版。

三、检察个案监督催生出公众参与的实践动力

一次不公正的判决比十次犯罪尤为恶劣，犯罪不过是污染了水流，而不公正的判决则是破坏了源头。在实践中，具有重大社会影响的刑事个案，往往牵动着整个社会公众的神经，无论是内蒙古呼格吉勒图奸杀案、聂树斌案，还是佘祥林、孙万刚等杀人案，如一石激起千层浪般引发舆论的爆炸和社会的关注。对于这些社会影响较大案件的监督，其价值不仅在于还被告人一个公正判决，更重要的是司法背后蕴藏的警示和对司法公信力塑造作用。对冤假错案的防范很大程度上依赖于“侦查机关、公诉机关和审判机关的良性互动”①，检察机关作为宪法规定的法律监督机关，在案件的侦查、起诉与审判及执行各个环节全程发生监督作用，对整个诉讼活动进行监督。在侦查阶段，检察机关通过引导取证，监督侦查活动合法性，从刑事案件的入口予以把关。通过大量的案例我们发现，违法侦查和取证是造成冤假错案的主要原因，而侦查活动的隐蔽性造成外部监督的有效性难以保障，检察机关的出场解决了有效监督的难题。审查起诉阶段，检察机关应严格遵守证据标准，运用好起诉裁量权，发挥好犯罪审查的“过滤”作用。审判阶段，检察机关可对法院的错误判决提起抗诉，维护裁判的公平正义。

公众参与检察监督的实践动力就是检察公信力，它具体包含两层含义：一是检察机关依法履职的责任感以及对公众期待利益的满足。公众的信任根基在于预期利益得到回应，其程度也代表着公众认同的程度。再者，重大案件的影响范围与受众面均较大，其承载着大量的公众利益期待，检察机关主动介入案件，消解了公众对公权力滥用的疑虑，也提升了检察公信力。二是检察机关在履职过程中与社会公众形成的多维互动，让公众了解检察办案思维逻辑，体验法律监督权的运作方式，进而赢取公众信任。

曹建明在江苏调研时曾指出：“要随时随刻倾听人民呼声，积极顺应人民群众对公共安全的新期待。”纵观近年来对冤假错案的纠

---

① 胡常龙：《论检察机关视角下的冤假错案防范》，载《法学论坛》2014 年第 3 期。

错成果,检察机关坚持在每一个案件、每一个环节恪守职责,坚守维护公平正义之使命,通过个案监督一次次刷新着人们的正义观。1992 年 12 月 25 日汉口市上坡下村发生了一起杀人案件,随后 29 岁的陈某被抓获,并于 1994 年被海口市中级人民法院判处死刑,1999 年海南省高级人民法院维持原判,期间陈某及其家人一直申诉未果,直至 2015 年最高人民检察院提出抗诉,最终陈某无罪释放;2014 年 2 月 18 日,河北顺平县发生一起命案,后顺平县公安局锁定王某雷为犯罪嫌疑人,但在检察机关审查逮捕环节,发现该案有诸多疑点,遂做出“事实不清,证据不足”的不捕决定,并指引公安机关侦查取证,最终凶手王某落网,该案也被媒体称为现代版的“刀下留人”;2013 年最高人民检察院的联合小组在海南海口监狱调研时,发现一起曾因故意杀人案件存在疑点,后经调查发现黄某光并不存在杀人行为,2014 年 9 月 29 日海南省高级人民法院进行再审,宣判黄某光无罪,至此黄某光案平冤昭雪。这些生动的事例让公众看到了检察机关在维护社会公平正义方面做出的努力,在个案的纠错过程中,个案监督所建构的公信力调动了公众参与的激情,它向世人传达了这样的价值理念:正义不仅是一种价值目标,而是已经走近人们身旁,成为每个人的政治需求。

四、国家监察体制改革带来的实践机遇

(一)国家监察体制改革引发的检察“危机”

国家监察体制改革是新时期我国政治体制改革中的“重头戏”,自全国人大常委会授权《关于在北京市、山西省、浙江省开展国家监察体制改革试点方案》(以下简称《试点方案》)以来,试点地区监察体制改革通过整合反腐资源,承担了反腐的重任。从《试点方案》来看,此次改革最大的机构调整当属检察机关职务犯罪侦查部门的转隶,即将反贪、反渎、预防三部门合并至监察委员会,但这也对检察机关原有只能产生了重大影响,将检察体制改革推向了改革的锋线,给长期处于平稳发展时期的检察院带来前所未有的“危机感”。

国家监察体制改革对检察机关的影响主要有两个方面:一是检

察机关的法律监督属性需重新厘清。职务犯罪侦查向来是检察职能中最具"刚性"的手段,其他诸如侦查监督、民行监督、诉讼监督很大程度上依赖于职务犯罪侦查权的强势地位,它具有"直接的公权力指向性和对公权力的监督制约性"①,缺少职务犯罪侦查权保障之后其他法律监督职权的行使必然会打上折扣。因此,检察体制改革所面临的首要问题就是如何重新厘清宪法赋予的法律监督机关的职能定位。二是检察内设机构与人员需分解重组。检察机关内部机构之间具有很强的关联性,一个部门的工作往往需要多个部门配合完成②,一个部门职能的变动牵涉多个部门的调整。职务犯罪侦查部门的转隶减少了原有的内设机构,其他相关职能必须进行重新组合才得以继续展开业务工作。与此同时,原有检察人员大部分也被转隶到监察部门,根据有关报道,约有 1/5 至 1/4 左右的检察人员实施了转隶③,去与留都涉及人员结构的重新划分问题。

(二)国家监察体制改革带来的机遇

辩证法认为,事物都具有两面性,必须全面客观地分析问题。监察体制改革引发检察"危机"的同时,又带来了巨大的改革机遇。长期以来,检察机关自行侦查、逮捕和起诉的诉讼模式广为诟病,刑事诉讼中的侦诉审制约与配合的关系在职务犯罪侦查领域难以体现,通过监察体制改革将职务犯罪侦查权剥离出去,减轻了检察机关的负担,对于集中围绕法律监督职权进行的改革不可谓不是一种机遇。

具体而言,监察体制改革对重塑检察机关法律监督权体现在:

1. 打消"谁来监督监督者"的疑虑

职务犯罪侦查权的本质仍属于侦查权。新中国成立初期,为了

---

① 胡勇:《监察体制改革背景下检察机关的再定位与职能调整》,载《法治研究》2017 年第 3 期。

② 例如,自侦案件的办理流程大致如下:控告申诉部门受理案件取得线索,后将案件移交自侦部门,在侦查过程中需要技术、信息化、法警部门配合完成,侦结后需要逮捕的通过案管部门提请上级院逮捕,不需要的则要移送公诉部门审查起诉。如需上检委会则需要政研室制作上会议题并组织会议。

③ 根据中国青年报报道,浙江省转隶人数占全部人数的五分之一,而北京公布的数字是五分之一到四分之一,可见转隶引起人员流动的幅度较大。杨海、王鑫昕:《监察体制改革,打出反腐重拳》,载《中国青年报》2017 年 3 月 15 日,第 3 版。

与民国时期检警一体化模式作区分,实施检警分离制度。为了符合法律监督之定位,将职务犯罪侦查权赋予检察机关是对其监督手段的强化,“检察机关通过行使职务犯罪侦查权,可以实现对国家工作人员遵守法律情况的刚性监督,从而保障宪法赋予检察机关的法律监督权能够得到实质性的体现和支撑”①。但是,检察机关既作为法律监督机关,又作为侦查机关,是一种同体监督的模式,受到人们广泛质疑。即便人民监督员制度一定程度上缓解了这种顾虑,但人民监督员制度的不完善直接导致了其监督手段的薄弱。职务犯罪侦查权的转移,直接打消了人们对检察机关自我监督的疑虑,同时,通过侦诉的分离,让权力制约权力,强化检察机关与监察机关在诉讼活动中的制衡,也符合人民对权力制约的预期。

2. 集中力量办好监督“大事”

通常认为,检察机关的主要业务体现在职务犯罪侦查、审查逮捕、审查起诉三大领域,而民行监督、侦查监督、诉讼监督等以监督为名的业务却被边缘化,这与检察机关法律监督的宪法定位不符,实践中造成了检察监督意识的薄弱和监督能力的严重不足。

随着监察体制改革的持续发酵,检察职能结构调整又回归到诉讼监督的职能定位上。新中国成立初期,检察机关的职能定位更偏向于监督,在落实中央政策、维护社会稳定中发挥了重要作用,诉讼职能的发挥受限于当时检察业务水平和诉讼监督理念影响而未全面开展,因而有“大公安,小法院,可有可无检察院”的说法。改革开放以后,现代诉讼理念深入影响到我国司法体系,检察机关诉讼等业务部门的地位逐渐显现,监督职能“隐退”并融入到诉讼业务中,如抗诉被公诉部门吸收,立案监督纳入侦监部门职能范围。国家监察体制改革确立之后,对检察机关的职能定位又产生了较大冲击,宪法定义的“法律监督机关”需要被赋予新的时代内涵。

从当前改革的内容我们可以略窥检察体制改革的目标指向。检察机关不再单纯是刑事犯罪的追诉者,而是朝着诉讼、监督并重

---

① 陈卫东:《论法治理念下的检察机关职务犯罪侦查权》,载《人民检察》2005 年第 13 期。

的趋势发展，且愈加重视“公益性监督”的角色定位。与改革相适应的是，检察机关正逐步加强民行两部门的办案力量，将原有的民行部门划分为民事检察部与行政检察部，分别办理两个领域内的公益诉讼和监督案件，创新检察机关对行政机关、司法机关的监督方式。有实践部门人士指出：“在职务犯罪侦查和预防职能转隶后，检察机关要积极顺应改革发展需要，理顺各项检察职能，聚焦监督主业，强化检察监督，在全面依法治国中发挥积极作用。”①这在某种意义上讲，就是要聚焦法律监督的自身定位，在法律授权范围内丰富和创新使用法律监督权，利用公益诉讼改革契机完善对行政机关的监督方式，从被动监督向主动监督方式转变。

---

① 郭国谦、汪海、李文涛：《检察机关内设业务机构设置的构想》，载《中国检察官》2015 年第 5 期。

第三章 公众参与检察机关法律监督的基本问题

第一节 公众参与检察机关法律监督制度设计原则

公众参与检察机关法律监督是一项全新的政治设计，与其他政治设计一样，都需要遵循一套符合自身特殊性的原则，以便减少或降低设计的风险。政治设计如同艺术设计，不同的审美标准下创造出的作品风格迥异。唯美主义者认为完整、和谐的东西才是美好的，如柏拉图希望通过哲人治国之方略实现完美理想国的愿望，英国著名律师托马斯莫尔(Small)撰写的《乌托邦》，描述了一个安居乐业、太平盛世的虚拟世界。现实主义者则认为缺陷也是一种“美”，人们会尽可能去弥补政治制度中的缺陷，用切实可行的方式实现对美好政治的追求。

适合的才是最好的。对于中国来讲，历史与现实都决定了我们必须以审慎的眼光进行政治设计，设计原则为设计方案提供了规范性支撑。笔者从公众参与的有效性与有序性出发，根据公众参与和检察机关法律监督的特征，从制度设计到制度本身运行，共梳理了下面几项最为基本的原则，希望在最大程度上实现公众参与制度改革的规范化与科学化。

一、实践原则

通过实践，按照实践的本质认识社会现象，理解社会变迁，这是一般意义上的实践原则。马克思是实践原则的开创者，他提出“社会生活在本质上是实践的”，所有的理论所关注的都是如何认识人类社会，推动社会发展。马克思批判和继承了德国古典哲学的理论，尤其是对机械唯物主义者费尔巴哈的批判，“从前的一切唯物主义（包括费尔巴哈的唯物主义）的主要缺点是：对对象、现实、感性，只是从客体的或直观的形式去理解，而不是把它们当作感性的人的活动，当作实践去理解，不是从主体方面去理解”①。因此，要在主客观辩证统一的前提下对社会现象进行分析是正确的实践立场。

公众参与法律监督的相关制度机制的设计必须要以我国公众参与实践为蓝本，断不能片面地照搬照抄某种固定模式。经验的移植十分重要，经验的可复制性和强大的惯性是制度设计创新的重要渊源，无论是历史的还是域外的公众参与经验都是打开思路的一种“捷径”。但是，经验并不具有独立于实践活动的品格特征，所有的经验都源于实践且服务实践。公众参与法律监督具有特殊性，以常规的公众参与模式进行制度设计，很可能导致这种制度设计的“流产”。因此，在公众参与和检察实践的基础之上，应通盘考虑公众与检察机关及其他利益主体的政治需求，克服理想主义制度建构思想倾向，在实践中探索和完善相关制度机制。

二、试错原则

“试错”一词最早源于经济学，是对经济制度变迁的描述。由于政府是一个有限理性政府，在面对驳杂的社会经济现象进行决策时具有“一定的局限性，以及对自己管理行为的效果的预测具有不

---

① 《马克思恩格斯选集》（第1卷），人民出版社1972年版，第16页。

确定性,从而带来风险性”[①]。为了规避和减少这种不确定性带来的风险,政府必须尽可能的制定完善的方案,在小部分地区进行试行,通过试验所得的经验与教训来修改方案,最后在全范围内实施方案,通过这种试行的方式降低风险程度。

试错作为一种科学方法,是当代西方著名科学哲学家波普(K. R. Popper)所创。在波普看来,通过不断的尝试和猜测,清除其中的错误后所剩余的部分是科学实践的结果,这种方法也是推进科学发展的最佳路径,他提出了科学增长的“四段式”,并图式化为“P1—TT—EE—P2”,“P”代表问题,“TT”代表试探性方案,“EE”则代表排除错误。[②] 科学研究就是不断试错的过程,“大胆尝试,严格检验”正是试错法的简要表述。纵观我国的改革历程,也是一个不断试错的过程,从小冈山的产权结构的有益尝试,到上海自贸区建设,从国企改革到国家监察体制改革,都体现了勇于试错、敢于尝试的决心。如邓小平同志所说:我们现在所做的事都是一个实验。对我们来说,都是新事物,所以要摸索前进。[③]

公众参与检察机关法律监督应当以试错原则为指导,避免掉入浪漫主义和虚无主义带的泥淖。公众参与检察监督并非为了追求实现政治民主的最优途径,而是一种“次优”选择,在制度设计时需持以“审慎”的态度。一方面,公众参与检察机关法律监督是一项新的检察体制改革,没有现成的模式可寻,有着诸多不确定因素;另一方面,人的理性是有限的,限于知识、阅历、政治、社会条件的制约,制度设计无法达到尽善尽美。所以,通过试错的方法厘定改革内容,通过试点的对比对方案证实或证伪,可降低公众参与制度建构的风险成本。2003 年起最高人民检察院开展人民监督员制度试点以来,自觉套用了试错法的逻辑进路。随后针对人民监督员知情权保障缺失、意见处理缺乏救济、选任程序条件不公正等情况,最高

---

① 段先盛:《1978 年以来中国改革成功的原因探究——有限理性政府试错式改革与满意实现》,载《浙江社会科学》2008 年第 2 期。

② [英]卡尔·波普尔:《客观知识》,舒炜光等译,上海译文出版社 1987 年版,第 298 页。

③ 《邓小平文选》(第 3 卷),人民出版社 1993 年版,第 174 页。

人民检察院启动了一轮以人民监督员监督范围和程序为改革方向的试点工作。公众参与检察机关法律监督的改革如同人民监督员制度改革一样,不能消极等待问题发生,一旦发现问题就要勇于试错,善于发现问题总结经验,保持改革的稳步推行和自我修复的一致性。

三、自决原则

所谓自决,即自我决定,政治话语体系下的公民自决是指公民基于内心的意愿、自由地行使权利或为自己设定权利负担。自决权最早是资产阶级革命派用于宣扬人民主权理念而青睐使用的表述①,后来经过两次世界大战,殖民地人民的民族解放运动高涨,推翻殖民统治,建立独立国家,实现外部自决与内部自决是实现独立的首要考虑因素。1945 年联合国通过《联合国宪章》,将"发展国际间以尊重人民平等权利及自决原则为根据的友好关系"作为联合国的宗旨,正式建立了国际法中的自决原则。自决原则的广泛运用带动了其内涵和外延的更新,从独立、人权到发展权、自治权,反映了自决理念的社会纵深,有代表性的如姚岳绒教授的《论信息自决权作为一项基本权利在我国的证成》,将宪法中的人权条款与信息自决权联系起来,提出信息自决权应当纳入公民的基本权利范畴论点。

就本书而言,自决原则强调公众在参与检察机关法律监督过程中,自主选择参与与否,参与方式,参与对象,理性参与检察机关法律监督程序的要求。无论何种形式的公众参与,如何保证参与的有效性是制度设计者必须考虑的因素,参与者能够自决参与反映了制度设计的价值取向。长期以来,人民监督员的选任权掌握在检察机关手中,公众参与的自决性大打折扣,选任主体的改变最大限度保证了选任过程的公平公正,印证了自决原则的内在要求。自决原则

---

①　美国《独立宣言》宣告,所有人生而平等,每个人都具有生命、自由等在内的天赋人权,为了保障这些权利,人民聚合起来设立政府,如果政府违背了保障基本权利的初衷,人们可以自发的改变或废除这个政府,自决意味着公民对于政府的自由选择权。

对社会公众以及检察机关都提出了明确要求，有学者提出公众参与的有效性需要通过下列因素衡量：参与者的代表性，参与过程的公正、透明，低成本高效益，有益于政府对信息的掌握及确保决策质量，公众对参与活动的满意度以及对以后的参与持续性的积极影响。[①] 从根本上来说，自由参与的意志以及为此所营造的宽松环境是参与有效性的关键要素。笔者认为，在制度设计时应当尽量放权、还权于公众，如此公众参与所反映出的公众意愿更具有真实性。

四、渐进原则

渐进原则源于渐进式改革思路。渐进式改革思路认为现有的整体制度或政策是"大体"合理的，基本价值也已达成共识，只需要对现行制度或政策进行"一连串的小小改变"，就可以逐渐实现阶段性目标。我国改革历程基本上依照渐进式改革路径，如从纯公有制到混合所有制的演变，从经济特区的逐步开放到 WTO 的全面开放。邓小平同志曾将渐进式改革形象比喻为"摸着石头过河""走一步看一步"。美国著名政治学家和经济学家查尔斯·林德布洛姆(Charles E. Lindblom)认为相对于整体式变革来讲，"渐进主义"有以下五个优点[②]：

(1)由于改变较小，前景更好预测；

(2)灵活多变，可以通过不断调整策略，做出最优选择；

(3)不会偏离目标，易于协调各方面关系；

(4)渐进式可以帮助人们在复杂的条件下检验选择的正确性；

(5)稳妥、安全且不会造成大起大落的状况。

"在任何体制中之中，变革与继承性须保持一定的平衡"[③]，大规模的变革不是一个成熟政体做出的事情，激进式改革往往伴有

---

① 王雅琴：《公众参与背景下的政府决策能力建设》，载《中国行政管理》2014 年第 9 期。

② 丁煌：《林德布洛姆的渐进决策理论》，载《国际技术经济研究》1999 年第 3 期。

③ [美]塞缪尔·亨廷顿：《变革社会中的政治秩序》，李盛平等译，华夏出版社 1988 年版，第 120 页。

“尖锐的冲突和激烈的对抗……从而使改革处于不利的环境之中”①,打破原有的政治生态平衡,从而不利于改革目标的实现。治大国如烹小鲜,有节制的改革才适合人类社会发展的内在本性。

公众参与在检察机关的应用是一项牵一发而动全身的工程,也应遵循渐进的改革规律,对检察机关内部各项制度机制的建构须避免大规模的重建。我们必须清醒地认识到,与法院扁平化、并列式的职能部门组合不同的是,检察机关内部职能部门之间具有较强的牵连性,公众参与制度的建构也更为困难。公众参与检察机关法律监督的渐进式改革必须要找准切入点,以一项制度的变革推动公众参与检察事业的发展不失为一种稳妥策略。

第二节　公众参与检察机关法律监督的机制

一、权利机制

权利机制也即赋权机制,指通过将宪法中涉及公众参与的基本权利条款法律化和制度化的方式赋予公众以具体的参与权利,保障公众参与行为的实现。权利机制包含两个方面内容:一是基本权利的转化机制,即宪法的实施;二是具体化的权利保障机制,即权利确认。转化机制与保障机制二者是权利机制的两个重要方面,在实施路径上殊途同归。不言而喻,具体制度中的公众参与需要法律保障,虽然有宪法的规定,但是正如法律实施不等于宪法实施,宪法权利不同于法律权利一样,公众参与权难以从宪法中直接推导出来,必须经过法律转化为具体的权利内容,才会在法律关系中形成稳定的权利与义务。本节所讲的权利机制并不涉及宪法的司法化问题,更不涉及宪法社会学的讨论②,而是特指在法律规范中建立与参与有关的权利内容。

---

① 莫翔:《中国渐进式经济改革的总结与思考》,载《理论月刊》2008 年第 10 期。

② 韩大元教授认为,宪法中基本权利必须通过立法予以实现是个伪命题,它会使基本权利规范的独立性丧失,从而导致宪法虚置化,而本书的权利机制仅讨论如何将参与权以立法的方式规范化,这只涉及路径选择问题,而非否认在基本权利实现中立法的“万能”。参见韩大元:《论基本权利效力》,载《判解研究》2003 年第 1 期。

(一)公众参与的权利机制成因

众所周知,宪法中基本权利的核心功能之一是限制国家权力,具有抵御权性质。基本权利条款具有高度抽象性,在实施过程中还需要立法的转化来赋予其丰富的内涵。本书所界定的公众参与权源于宪法的基本权利条款,但是在具体实施过程中需要一种转化路径,这种路径选择可以是立法、司法或者制度。

从立法实践来看,基本权利的立法转化程度较低,很多新兴权利并未反映在法律规范之中。针对参与权而言,宪法虽赋予了公民参与和管理国家一切事物的权利,对公民的政治权利与自由予以确认,但在立法中却少有体现。公众参与缺乏相关的权利保障,加上行政裁量权规制的缺失,给公权力侵犯公民参与权埋下了较大隐患。以《宪法》第41条为例,虽然该条明确规定了公民有权对国家机关或者工作人员提出批评建议,却在具体法律规范层面尚未有针对批评建议相关立法。即便人大代表监督权有《各级人民代表大会和地方各级人民政府组织法》《人民代表大会和地方各级人民代表大会代表法》《选举法》等系统地法律保障,但除了人大代表监督权以外,一般公众的监督权行使同样需要法律保障。从该条文的表述上分析,其所宣称的公民应当是包括人大代表在内的全体公民,除去人大代表监督以外,其他公民监督权所依靠的法律规范,至少在主体、范围、程序等方面缺乏专门的法律保障。这难免引起人们对公众的监督权产生疑虑。[①] 事实上,行政机关基于法律授权而取得的行政法规制定权限虽然分担了部分基本权利转化使命,但是与法律相比,位阶上的差异使行政机关作出的努力难以与立法机关并驾齐驱。

立法机关在实现基本权利方面有着不可替代的作用。这是因为:其一,"宪法具有纲领性和原则性,基本权利的内容不可能在宪

---

① 我国的人民监督权虽然散见于一些法律中,但是基本上是一种原则性规定,缺少具体的实施细则,例如《公务员法》规定:公务员应当全心全意为人民服务,接受人民监督。《检察官法》和《法官法》都规定了检察官和法官都应当接受法律监督和人民监督,《人民警察法》《公司法》等都有类似规定,但是究竟如何监督,如何保障监督缺少专门的说明,由此可见,一般公民的监督权的立法保障有必要予以重视。

法中被具体化”①,基本权利是人生而固有的权利,宪法在基本权利形成上只是起到确认作用,正所谓基本权利“先于宪法并高于国家或政府,国家或政府职能扩大和保障,而不能限制或者克减”②,立法可以尽可能地将基本权利具体化,以推理出宪法基本权利内容。其二,宪法规范具有稳定性,而社会发展的快速变化将催生出不同的利益诉求,需要法律及时确认和保障新生的权利类型。根据比例原则,通过修宪对新型权利予以确认是一种“愚蠢”的方式,那么这个重任无疑落在具有灵活、明确、普遍优势的立法身上。“基本权利条款构成立法委托,对立法者设定相应的作为义务”③,立法者的义务就是通过基本权利的具体立法化,提升基本权利的保障水平。

公众参与检察机关法律监督领域的立法形势不容乐观。首先,公众参与存在立法空白。通过对人民检察院组织法等相关法律梳理,笔者发现只有在《检察院组织法》《刑事诉讼法》中有“依靠群众”的规定,具体到群众监督的内容、程序、救济等均无相关法律规定。立法空白造成公众参与的举步维艰。其次,司法对公众参与存在僭越。自司法能动主义自盛行以来,司法者为“良性违法”寻求到了正当性理由,司法能动主义允许法官在某些特定条件下不受成文法约束,为了实现某种社会目标而对现有法律有所突破。但是司法能动主义在我国仍属于新鲜事物,通过“截取西方司法能动主义的某一或某些特性与内容,比附中国的能动司法,进而得出相应结论”④使理论与实践中对该问题认识产生错位。映射到公众参与问题上,即为了某项社会目标(正义或非正义)的实现,司法机关人为地限制公众参与,进而僭越立法对公众参与的保障,人民监督员的选拔机制曾反映出这一纰漏。

(二)以法律为支撑、以制度为保障、以解释为辅助的路径选择

公众参与检察机关法律监督是一项建构性的政治设计,权利机

① 刘志刚:《立法缺位状态下的基本权利》,载《法学评论》2011 年第 6 期。

② 范进学:《宪法实施:到底实施什么?》,载《学习与探索》2013 年第 1 期。

③ 谢立斌:《论基本权利的立法保障水平》,载《比较法研究》2014 年第 4 期。

④ 顾培东:《能动司法若干问题研究》,载《中国法学》2010 年第 4 期。

制是构成了公众行使参与权的必要基础要件之一，但是如何将基本权利转化为具体权利，需要在对参与权做出分析的前提之下对权利保障的路径做出选择。

论证路径选择之前必须厘清公众参与权的性质，因为不同性质的权利类型适用的转化方式有所不同。芦部信喜认为自由权、参政权、社会权构成了“人权”的主要内容，所谓参政权，即国民参与国家的权利，包括选举、投票、法官的国民审查权利等。[①] 夏正林教授将基本权利划分为三大类，即自由权、社会保障权和广义社会权，自由权是公民的防御性权利，对应的是公权力的消极作为，社会保障权作为自由权的延伸，对应的是国家保证公民最低生活保障的义务，广义社会权对应的是国家促进全体公民全面发展的义务。他认为，基本权利性质的评价标准取决于国家是否履行了作为或不作为义务。[②] 林喆教授将参政权定义为国家依法参与国家生活的自由度，是公民依法参加国家管理的权利。[③] 检察机关作为国家公权力机关，其有义务接受人民监督，并且应当积极作为来保障公民监督权利的实现，如果缺少检察机关的作为义务，那么公众参与检察根本无法实现，因此根据夏正林教授的评价标准，检察视野下公众参与权的性质属于广义的社会权。无可厚非的是，公众参与到检察机关法律监督活动中是公众参与国家管理的一种表现形式，因而也属于参政权的范畴。

但是参政权有两层内涵，第一层是公民参与政治的需求，第二层是国家发展民主的需要。参政权对于公民来说是在基本自由权保障基础之上所寻求的自我发展的意愿，对于国家来说是夯实民主根基之手段，应由国家来推动这项权利的建构。因而，参政权内设了广义社会权的蕴意。为了便于理解，综合上述学者的分类划分，本书将检察机关的公众参与权性质定义为发展权，即公众依法参与检察机关法律监督以及在检察职能中所体现出的民主权利，发展权

---

① ［日］芦部信喜：《宪法》，林来梵等译，北京大学出版社 2006 年版，第 72 页。

② 夏正林：《基本权利效力实现途径问题研究》，载《连云港职业技术学院学报（综合版）》2006 年第 1 期。

③ 林喆：《公民基本人权法律制度研究》，北京大学出版社 2006 年版，第 42 页。

必须通过国家及其机构的积极作为才得以实现。

关于权利实现路径的选择上不同学者有着不同观点。夏正林教授主张：广义的社会权的实现完全依赖立法，立法有完全的自由裁量权。[①] 陈焱光教授则给出了三条路径：一是通过立法将基本权利具化为普通权利，二是直接适用基本权利条款，三是通过司法解释。[②] 陈鹏认为通过立法保障基本权利的实现有助于宪法实施，应注意避免立法者限制或侵害基本权利。[③] 有学者持不同意见，立法虽然在确认新兴权利时处于主导地位或首要机制，但是立法具有滞后性和有限性，难以应对新兴权利的及时性和无限性挑战，继而主张通过司法确认新兴权利较为适当。[④] 刘志刚教授提倡通过法官将基本权利精神注入到判例中去[⑤]，实际上也是赞成司法适用路径的选择。

综合上述观点，本书认为，无论是立法转化还是司法适用，只依靠单一的方式解决参与权的转化问题均难以独当一面，人的理性广度也不足以涵盖实践中千变万化的可能，渐进的、立体的和灵活的转化路径是为必须，具体有以下几点。

（1）立法是参与权实现的首要途径。由于公众参与权具有参政权和广义社会权的双重属性，需要国家积极地通过立法方式予以保障，即确立明示的与公众参与权相关规范，如在检察院组织法中加入公众的知情权、参与权、救济权等权利内容，同时规定检察机关所需承担的义务，尽量形成与基本权利条款的对接。

（2）公众参与权利机制还需要制度保障。制度具有很强的灵活性和适应性，在立法尚未到位时通过制度可以满足基本权利的实践需求，如一些基层检察机关建立的律师介入制度、控告申诉与信

---

① 夏正林：《基本权利效力实现途径问题研究》，载《连云港职业技术学院学报（综合版）》2006 年第 1 期。

② 陈焱光：《论宪法基本权利的效力》，载《湖北社会科学》2003 年第 8 期。

③ 陈鹏：《论立法对基本权利的多元效应》，载《法律科学（西北政法大学学报）》2016 年第 6 期。

④ 张昌辉：《新兴权利的确认：司法路径的正当性阐释》，载《宁夏社会科学》2017 年第 2 期。

⑤ 刘志刚：《立法缺位状态下的基本权利》，载《法学评论》2011 年第 6 期。

访对接制度、起诉评议制度等，补足了立法的僵硬性和滞后性缺陷，还给未来参与权利立法提供实践参考。立法不足而制度先行符合我国法制建设的实践规律，通过制度践行立法，通过立法确认制度，是搭建公众参与检察体制的可靠选择。

(3)公众参与的权利机制离不开检察官对法律或政策的解读。政策对法律实施有着很强的导向作用，尤其是在司法环节，其直接关系着法律实施效果。党的十八大报告中明确提出了要保障人民的知情权、参与权、表达权与监督权，该政策为公众参与的相关立法指明方向，那么在政策的落实中检察官如何客观真实理解相关政策，能否在参与权立法之后准确适用法律，都是公众参与权利机制形成过程中需要考虑的因素。公众参与的法律或制度进入司法领域后，经过检察官解释的转化，对其中相关问题与法律衔接予以制度化，为法律注入更多血肉，使之更具生命力。

二、决策机制

(一)检察决策机制概述

决策机制，是指检察机关为了实现既定检察目标，在检察活动中进行决策所遵循的内在运行模式。本书所讲的检察决策并不仅限于刑事检察程序中的决策，还包含了非刑事检察程序性决策，例如控告申诉、案件评议①等制度，属于广义上的检察决策。公众参与的决策机制揭示了公众意见在检察决策形成和产生功效作用的机理。

检察决策具有较强的司法属性，它的特征主要体现在与行政决策的区别上。首先，二者依据不同。检察决策所依据的是刑法、民法、诉讼法等实体法和程序法，决策程序较为复杂，而行政决策所依据的是行政法律法规，相对于检察而言程序较为简单。其次，决策基础不同。检察决策的基础是公正，主要致力于法律监督程序中公正的实现问题，行政决策的基础是效率，行政行为主要涉及人财物

---

①　在受理群众来信举报、控告时，对群众意见采纳的决策，在审查起诉时对公众意见吸收的决策等。

三类因素,行政决策目的是将三者以高效的方式优化组合,达到“人尽其才、物当其用、财宏其效、事竟其成”[1]之功效。再次,专业属性不同。检察职业的专业化程度更高,不仅需要基本的行政职业素质,还需要更为专业法律知识。最后,权力属性不同。检察权具有司法属性,带有裁判的性质,行政权属于整体意义上的管理权类别。由此可见,公众参与行政决策与检察决策有着不同的逻辑前提。

除此之外,公众参与决策的方式也不尽相同。行政上,传统的“命令式”管制模式下权力过多集中在行政首长手中,无论决策过程如何,最终“拍板”的往往是行政机关的“一把手”。公众参与行政决策实质上可以用三个阶段概括:一是决策前方案的认定、酝酿、议程制作等向公众告知过程;二是决策中公众对方案的表决过程;三是决策后公众对决策方案实施的监督过程。即便公众全程参与了行政决策的过程,在决策方案的形成过程的把控上公众也难以起到实质性作用。主要是由于命令式决策在其中占据主导地位,决策过程缺乏民主的协商机制,公众参与决策形成的主观介入因素过多。

而检察决策则不同,为了进一步顺应司法规律,最高人民检察院发布了《最高人民检察院机关司法办案组织设置及运行办法(试行)》《最高人民检察院机关检察官业绩考核办法(试行)》等文件,明确了主办检察官、检察长、检委会在办案中的权限与责任,通过制度化形式确立了“谁办案谁负责、谁决定谁负责”决策模式,其中主任检察官在办案中可以独立作出决策。检察官独立决策符合司法规律,顺应了司法改革的要求。与行政决策的“家长制”产生明显对比,公众不再受制于“一把手”而是根据不同案件类型,与办案组发生直接联系。另外,检察决策有着程序刚性要求,加上责任追究制的影响,公众参与的法治化程度和受保障程度要高于行政决策的公众参与。

从应然角度来看,与行政决策产生鲜明对比的是,虽然行政决

---

① 朱坚强:《论行政管理效率观——兼谈我国行政管理效率的现状及其改观对策》,载《东南大学学报(哲学社会科学版)》2000 年第 1 期。

策的法治化程度不如检察决策，但是在吸纳公众参与方面，行政机关却走在检察机关前列。行政听证制度、专家咨询制度、政府信息公开制度等，都在实践中发挥了民主参与的功效，反观检察决策却缺少相应的机制或制度保障。推动公众有序参与司法在检察领域主要是参与决策与监督，其中参与决策是公众意见的集中反映，是最能彰显检察民主的领域，因此，对于公众参与检察决策机制的研究和探索是本节论述之重点。

（二）公众参与检察决策的效力实现机制

公众参与检察决策机制是一项系统和全面工程，不同的检察监督程序涉及的参与主体、范围、效力和程序均有所差异，其中参与效力问题直接关系着参与效果的实现，是公众参与检察决策的核心。公众参与检察决策在我国司法体制内尚未有成熟的蓝本供参考，但是在行政领域却早已发展地如火如荼，集中体现在行政听证制度上。对听证制度的研判将对检察领域决策机制的研究有所启发。

近年来，听证制度在行政领域的发展引人瞩目，并逐渐发展成为“公共决策民主化、科学化的重要制度创新”[①]，在《行政处罚法》《立法法》《价格法》等法律中相继形成了专门的听证程序。一般来说，行政听证大致有以下环节组成：在法定期限内通知相关利害关系人准备参加听证；公开听证；决策机关与厉害关系人就听证事项解释与辩论；根据听证情况制作会议记录，作为行政决策的依据。虽然法律法规设置了严格的听证程序，政府也对听证制度“乐此不疲”，却与公众所表现出的“冷漠”产生了鲜明对比。如曾发酵为网络事件的“郑州水价听证会”事件，与会19名代表全部同意涨价方案，听证会被指为“听涨会”[②]。对听证制度的反思与批判有多方原因，如听证的中立性、参与听证人员代表性、听证程序的公正性。有学者对所谓“中国式听证”之症状做了大量细致的“诊断”，但是笔

① 王锡锌：《公共决策中的大众、专家与政府　以中国价格决策听证制度为个案的研究视角》，载《中外法学》2006年第4期。

② 罗攀：《郑州水价听证会安保将记者拒之门外，称按规则办事》，载中国新闻网：http://www.chinanews.com/sh/2015/08-08/7455317.shtml.，最后访问日期：2020年2月14日。

者认为,造成上述现象的根本原因在于听证的效力并未得到实现,影响了其正当性。

那么,公众参与检察决策如何避免行政决策听证的困境呢？本书提出,应将公众参与纳入检察决策的法治轨道,对公众意见的形成与反馈机制做出明确规定,从而保障公众参与检察决策的效力。如上所述,检察决策与行政决策有着不同的逻辑结构,适用于行政决策的听证制度断然不可直接适用于检察听证,应顺应听证制度的设计思路针对检察决策做针对性改造。

1. 完善检察听证机制,尤其是非正式听证

现行的法律法规和实施条例细则虽未对听证制度进行明确规定,但是作为检务公开工程的一部分,各地检察机关已大量将听证制度用于实践。如浙江嘉兴市对一起交通肇事申诉案件举行听证会,根据申诉人选择,选取 4 名人民监督员和 1 名自选人员参与听证会,通过对案件疑点的听证、论证和质证,申诉人最终同意不予抗诉决定[①];云南省嵩明县检察院对一起故意伤害案进行听证,经过社会各界评议后,最终做出不起诉决定,其中一位听证员对此讲到:“召开这次听证会,充分体现了法律的公平和公正,也充分体现了检察机关认真负责的态度”[②]。对检察听证,有学者曾坦言:“各地检察机关对刑事检察听证制度的积极探索和实践,取得了明显的法律效果与社会效果,改变了检察权行使的封闭状态。”[③]

当然,也有反对进行司法听证的论者。如郭松认为,长期以来学者对审查逮捕权改革的讨论,大多赞同以司法听证的模式改革,现有的论证思路“不足以证成听证式审查在中国语境下更有利于促成审查逮捕制度的合理性”[④],他认为审查逮捕案件中无论是听证还是书面审查都是检察官获取信息的手段,没有任何论证能够说明

---

① 范跃红、佳剑:《“通过公开听证,我服了!”》,载《检察日报》2015 年 4 月 8 日,第 1 版。

② 肖凤珍、田建中、代良燕:《一场不起诉公开听证会》,载《检察日报》2015 年 9 月 14 日,第 7 版。

③ 刘国媛:《刑事检察听证制度的“理”与“法”》,载《法学评论》2015 年第 1 期。

④ 郭松:《质疑“听证式审查逮捕论”——兼论审查逮捕方式的改革》,载《中国刑事法杂志》2008 年第 8 期。

听证式审查能够满足检察官对信息量的要求,因而“冒然主张推行听证式审查并不是一种科学主义的致思路向”[①]。

本书认为,听证制度的价值目标是多维的,当前司法语境下的听证是一种彰显司法公正的手段,它能够打破司法“神秘化”面纱。检察听证不仅为了保障实体决定的合理性,更重要的是体现检察程序的正义,为公众提供社会心理上的公平感。所谓提升案件信息的增量只不过是听证制度目标价值的附带功能。

听证制度的形式有多样,并不必然单纯指代正式的听证制度,听证可以是“多种多样的,它既可以是事先的,也可以是事后的;既可以是书面的、也可以是口头的,既可以是正式的,也可以是非正式的”[②]。相对于正式听证而言,非正式听证有以下优势:第一,有利于在检察机关推广和普及,加快检察民主历程;第二,有利于多方收集信息,弥补案件信息不足;第三,有利于节约司法资源,提升办案效率;第四,有利于推动听证制度在检察机关的制度化进程。在正式听证制度建立以前,试推广简易听证制度,能够弥补正式听证程序复杂、常态化不足的弊端。

检察简易听证应包含以下几个基本要求:一是听证形式多样化,可通过微信、网络、报纸等媒介实行;二是听证常态化,根据案件需要随时组织简易听证会;三是听证人数不受限制,只要愿意表达自己观点和意愿的人员都可以自由参加;四是听证程序简便,听证会的召集、议题既可以书面又可以口头提出。检察听证的改革方向应逐渐从现有功利化的正式听证向常态化民主决策的非正式听证模式转化,促进检察决策中公众意见的实质化。

2. 科学的表决机制

赫伯特·西蒙讲到,官僚阶层总是喜欢以简单的方式应对复杂问题,他们站在自己的立场更倾向于选择自认为更好的决策,而非民众认为最佳决策。罗丝·弗里德曼(Rose Friedman)也说,

---

① 郭松:《质疑“听证式审查逮捕论”——兼论审查逮捕方式的改革》,载《中国刑事法杂志》2008 年第 8 期。

② Henry J . Friendly, *Some Kind of Hearing*, 123 Univ. of Penn, L. Rev, 1975, p. 1277 – 1278.

“高级官员对于那些他们赞成的规定加紧执行，而不赞成的却拖沓不力”[①]。公众参与是一场与相关利益博弈的活动，可以迫使既得利益者做出妥协，改变官僚阶层对决策权垄断的现状，从而在决策做出与执行时最大可能的体现公众意志。公众意志的反映主要依托于科学的表决机制。表决程序作为一种政治决策的技术手段，对政治决策有着实质性影响[②]，通过分摊决策权而使公众在政治博弈中取得一定话语权。

具体到检察决策中，就是要建立符合检察实践和检察规律的表决机制。在我国，表决程序的科学性被有所忽视，而对表决的结果更加注重。检察决策的表决方式与选举表决不同，选举表决的目的在于如何使候选人获得广泛的公众认同，检察决策是检察机关的司法属性的延伸，其更多的是为了获取信息作出正确判断，至于对结果的赞成与否并不是“看起来那么重要”。因此，在设计表决制度时，不能简单的做“赞成、反对、弃权”的分类，应更加注重表决选择背后的影响因素。

以表决理由为根基设计表决机制就是通过对意见的收集归纳表决者的主观倾向，汇总出所有表决者的意见类型，在决策时作为重要的参考依据。以故意伤害案件为例，有意见认为被害人过错而可做不起诉处理，有意见认为已经履行赔偿义务而做不起诉处理，还有意见认为嫌疑人家庭情况特殊而做不起诉处理，虽然最终处理意见相同，但对不起诉理由的归纳汇总更有效致力于不起诉决定的公众认同，单纯的不起诉决定难以对公众意愿形成实质反馈。在最终起诉或不起诉文书中，对上述表决意见的回应恰体现公众参与的民主参与价值。当前检察文书也应像裁判文书一样，增加说理和论证部分内容，以更易使公众接受的方式作出决定。

3. 公众参与检察决策的回应机制

检察决策的回应机制关系公众参与检察的实效，通过司法回应

---

① Friedman & Milton, *Free to Choose*, New York: Avon, 1981, p. 284.

② 莫纪宏：《民主基于科学的投票和表决》，载《检察日报》2005 年 3 月 28 日，第 8 版。

机制可增进司法公信力。公众参与的首要目标是维护自身利益的需要，对于公众的诉求检察机关是否有所回应，以及回应的内容能否满足公众参与的期待是制度设计者必须纳入考量的问题。

好的检察决策要求检察机关在合理的时间范围内对所涉及利益群体进行回应。有效回应是深化检务公开改革的深层次要求，也是检察职业能力面临新的挑战。一般而言，检察机关在决策领域回应公众诉求大致有三种形式：一是决策结果中体现，即根据公众意见作出相应的裁决；二是说理与解释，在公众参与时对其提出的问题与疑问进行解释，消除公众怀疑和打消疑虑；三是信息供给，按照公众需求主动公开决策信息及理由。检察决策的回应效果对应的是公众意见的影响力，在决策中如何体现公众参与的效果是公众参与检察决策的核心与关键。针对这一需求，应处理好下列两种关系。

（1）检察机关内部决策形成关系

现有的内部决策关系主要是根据《人民检察院刑事诉讼规则》（以下简称《诉讼规则》）的规定，即"检察官在检察长领导下开展工作。重大办案事项，由检察长决定。检察长可以根据案件情况，提交检察委员会讨论决定。其他办案事项，检察长可以自行决定，也可以委托检察官决定"。这种决策类型属于逐级审批式的行政决策模式，未能体现出检察决策的司法属性。在司法责任制改革的背景下，随着检察官独立办案能力的提高，案件的决定权进一步下放，新修订的《诉讼规则》也体现了"谁办案谁负责，谁决定谁负责"的办案模式，让办案检察官有充分的自主权正是对这种决策关系的反映。同时，根据该规则的要求，人民检察院办理刑事案件，由检察官、检察长、检察委员会在各自职权范围内对办案事项作出决定，并依照规定承担相应司法责任，在赋予权力的同时还辅之以办案责任终身追究制，形成权责统一的新型决策制度，改变以往逐级审批的决策模式。

根据传统决策理论，一般的决策系统包括三个部分：决策中枢系统、决策智囊系统、决策信息系统。决策中枢系统享有最终决定权，决策智囊系统对决策的科学性与合理性进行论证，决策信息系统为决策中枢系统和智囊系统提供信息资源。反观检察决策,我们发现,检察决策系统与信息系统呈现缺失状态,三个决策系统有时融于中枢系统,即检察官自我收集信息、自我论证、自我决策,从形式上看是变三元决策系统为一元决策系统。这种决策机制虽然能够提高效率,缩短办案周期,减少决策成本,但是长远来看,不利于检察决策的科学发展。一方面,检察官个人的有限理性不足以支撑检察决策的科学性与合理性,毕竟个人智慧是有限的,在没有决策分类制度之前大刀阔斧的放权不利于检察体制改革的推进。另一方面,这种机制容易引发"一言堂"式决策,架空公众对决策的民主监督。

因此,在建立检察决策的回应机制之前需要捋顺检察决策形成的内部关系。本书认为,可以尝试通过权力清单制度对检察官、检察长、检委会三者之间的权力关系做细致划分,在此基础之上对不同的案件类型做分别处置,在检察官独立办案时,要赋予检察辅助人员一定的监督权力,而不能只"辅"不"助",从而形成有效的内部制约。

(2)公众与检察主体间性关系

主体间性又称为交互主体性或主体间本位,是建立在对主客体性批判基础之上而产生的一种认识论范畴。主客体性思维使人们将他人或物看作是为"我"所利用的工具,它总是强调主体相对于客体的优先性,在工业革命时期由于这种思维哲学不能满足现实需要而遭受重大挫折。现象学创始人奥地利哲学家胡塞尔(Husserl)批判了笛卡尔哲学中主客体论的观点,笛卡尔认为他人意识只是"我"的意识对象,没有认识到主体间的交互性。虽然胡塞尔最终没有逃脱其所主张的先验主体论①,但是他的主张从单一主体走向负数主体确实为主体间性理论拓展奠定基础。哈贝马斯(Jürgon Habemas)摒弃了从自我出发构筑主体间性,认为主体只有在交往过程中才能成为真正的主体,主体间性即人在语言交往中所形成的

---

① 即他我是先验性的自我构建,这种理论最终结论仍然是"我—他"关系而非主体间性。

"共识"。主体间性理论运用较为广泛,如教育学领域所谈的主体间性同样是在否定主客体性教学交往范式的前提下,认为"主体间性教学交往则强调基于民主和平等的交往,在交往过程中教师与学生是'我'和'你'的平等关系"。[①] 在生态环境学领域,认为当前生态坏境破坏是由于主体性状态下人与自然的对立,克服生态危机应"改变主体实体化思维范式下的人类中心主义错误认识,加强对自然界变化规律的深入研究,积极探寻符合自然规律的生产和生活方式,实现人与自然和谐共存的主体间性转变"[②]。当然,已有部分学者注意到主体间性思维在政治领域的运用,如周永坤教授就认为现有监督理论仍保持着"主客体"思维范式,缺乏主体间性思维的引导,并认为锁住权力的关键在于"超越主客体的监督思维,引入主体间性的思考,在权力之间形成相互制约机制,在权力的相互制约中迫使所有权力都走到法律之下"[③]。

从宏观上来看,检察机关与社会公众是维护社会公平正义的利益共同体,其目的指向具有一致性,只是在实现公平正义的路径上各自承担了不同的职责和选择了不同的路径。传统的"主客体"关系模式中,社会公众只是作为对象而存在,尤其是在科层制中公众往往沦为检察职权覆盖下满足政治利益的工具,检察机关难以从社会公众中取得实效性回应。当然,公众也无法从检察机关获取有效性信息,长期以来检察机关与社会公众的"隔离"状态正是反映了这一现状。因此,我们强调检察与公众应当是主体间关系,在决策回应机制中,检察机关面对的公众不是客体,而是与检察机关一样的主体,需要检察机关在实践中转变思维,重新认识二者关系。

三、监督机制

在权力监督体系中,监督类型可谓繁多,从人大监督到党内纪

---

① 刘要悟、柴楠:《从主体性、主体间性到他者性——教学交往的范式转型》,载《教育研究》2015 年第 2 期。

② 刁龙:《生态伦理建构的哲学基础:从主体性到主体间性》,载《广西社会科学》2015 年第 10 期。

③ 周永坤:《列宁的监督理论与中国反腐》,载《华东政法大学学报》2014 年第 2 期。

律监督,从专门的法律监督到社会公众监督,每种监督方式都在各自领域发挥着监督之功效。但是从实践来看,多重监督方式并未能有效遏制权力的滥用。公众作为社会监督的重要力量同样面临着这种境遇,传统社会顺乎自然的人生观与官本位思想一度引发社会社会公众力量的衰退,如有学者对此分析的那样,“传统中国人的自我循例重俗,被动闭缩,自制自足,倾向于孤立,默从与惰性”①,公众缺乏对政治的兴趣,以至于社会中“民治”被“官治”所替代,民众对政治的冷漠纵容了公权力的滥用。

随着现代社会的发展,公众监督作为一支重要监督力量在抑制国家权力无限扩张方面起到关键作用,在检察权中尤为明显。一方面,增加了检察工作的透明度,改变了原有的“封闭式”办案模式,一定程度遏制了检察机关在侦、捕、诉环节权力滥用状况;另一方面,弥补了检察机关“弱监督”的局面,公众在检察机关立案监督、审判监督和执行监督方面发挥了积极作用,如通过申诉举报监督公安机关立案,通过申请检察机关抗诉弥补民事监督的不足等。

监督机制同决策机制一样是公众参与检察机关法律监督职能的核心机制,对监督机制的研究可以帮助我们进一步理解公众参与检察的内在品质。

(一)监督机制要素分析

检察机关首先作为法律监督机关承担着宪法赋予的监督职能,其次就是作为履行国家公权力的机关。因此,公众参与的监督机制也带有着监督的双重含义,具体体现在监督机制各个要素上。

1. 监督机制中的主客体

顾名思义,公众参与检察监督的主体是公众,但是公众这个概念有着多重含义。从国家与社会对应关系角度出发,公众是指社会群众,即不同阶层、不同身份的人或团体;从监督与被监督关系角度上讲,公众是指宪法上的权力主体——人民。从检察监督的层面理解,监督机制中的主体既包括参与诉讼关系中的个人或团体,又包括诉讼关系以外的个人或团体。实践中,存在社会监督主体的界定

① 金耀基:《从传统到现代》,中国人民大学出版社 1999 年版,第 38 页。

混乱的现象。有人认为政协、民主党派也是社会监督主体,这些主体参与检察监督也属于公众参与的范畴,以至于在一些工作报告中将政协监督放置在社会监督类别之下,混淆不同性质监督权之间关系。界定公众参与监督主要是看其与国家之间的关系,例如政协作为爱国统一战线组织是党领导的机构,政协监督属于政治权力内部的监督,与公众监督有明确界限。故而“社会监督主体不可随意界定,目的在于不能把不同性质的监督混为一谈,以防止假借社情民意侈谈监督”①。

监督机制中客体的内涵也十分丰富。根据本书对监督作双重含义理解,监督的客体包括对检察权力的监督及对法律监督权的补强两种意涵。

其一,对检察权力的监督。包括对检察机关的监督和检察机关工作人员的监督,公众与检察机关的监督关系不仅是监督者与被监督者的权力关系,还包括二者之间形成的权利关系。在实践中经常发生检察权力的不当行使和检察人员权力滥用的情形,例如公众监督权与公职人员的隐私权冲突时,有学者认为公共权力是为公共利益产生的,作为公共权力的行使者,公职人员极有可能违背公共利益行使公共权力,这时公职人员的“与职务适任性有关的个人信息已经不再是纯粹的个人私事,已经影响到了公共利益,应当受到民主的审查”②,如若检察人员在“公共领域”行使职权时仍以一般公民的权利标准处理公共事务,就可能发生不作为或乱作为等行为,这时就需要公众参与的监督机制介入对检察人员的权利进行限制。

其二,补强检察机关法律监督权能。检察机关的法律监督因其概念相对模糊、宽泛、笼统而饱受诟病,为了充实法律监督权内涵检察机关作出了各种尝试。2010 年最高人民检察院发布了《关于进一步加强和规范检察机关延伸法律监督触角促进检力下沉工作的

① 任铁缨:《反腐败与社会监督》,载《中共中央党校学报》2009 年第 4 期。

② 侯建:《公众监督与国家工作人员隐私权的立法建制》,载《复旦学报(社会科学版)》2016 年第 5 期。

指导意见》,随后检察机关大规模探索派驻检察室制度,如向公安机关派驻监察室、向法院派驻检察官办公室、设立乡镇检察室等。但是"理想很丰满而现实很骨感",湖南省公安厅叫停派驻检察室引发了司法界的大讨论,同时还暴露出了强化监督路径选择的困境,在没有作充分论证的前提下生搬硬套地扩充监督力量介入公安、法院及行政机关的职能活动中,很容易受到被监督机关的抵制。检察资源是一种稀缺资源,大量的派驻机构远超检察机关的荷载量,使本就弱势的法律监督权在改革的浪潮中受到了"二次打击"。公众参与的监督机制或许为强化法律监督权提供改革思路,将公众引入法律监督权行使进程能够有效缓解上述问题。具体来讲,可以尝试联合人民监督员或人大代表等力量共同向有关职能机关派驻,将监督的主体从单纯诉讼内部监督,向以人大监督为主体多种社会力量共同参与的监督模式转变,这样既能缓解检察资源紧缺问题,又在公众认同基础上补强了法律监督的有效性。

2. 监督机制的发生场合

监督机制发生的场合即公众的监督权介入检察职能的领域。鉴于并非所有的检察职能都涉及公共利益或与公众发生直接联系,在这些非利益关联的场合下公众参与检察也就没有存在的必要。如何对监督机制的发生场合作明确界定是公众参与监督机制研究所面临的基本问题之一。

公众参与监督机制的发生场合是检察权力作用的公共空间,因此必须首先解释法律层面上公共空间的含义。有学者将公共空间定义为根据所有者或占有者的意志,用于公众活动的空间①,该种定义中的公共空间主要指物理上的空间,如广场、活动室等,权力发生作用的公共空间还包括虚拟的场域。公共空间也并不均适合公众参与,必须直接或间接关涉公共利益,如若与公共利益无关的权力场域当然无法实现公众参与目的。公共利益有着多重划分标准,学界更偏向于借用公共产品概念解读公共利益。赵科天教授认为公共利益与公共产品在特征上有相似性,公共利益覆

① 张新宝:《隐私权的法律保护》,群众出版社 1998 年版,第 196 页。

盖的范围没有具体指向,即只要在一定区域内的公民均可平等享受利益或产品,如生态环境、公共交通、就业养老、社会保障等①。侯建也认为“公共利益实际上就是公共物品,或者是公共物品所包含的利益”②。

检察权的行使是为了满足其管辖范围内社会公益的需要,并不间断地提供和保护公共利益。公众参与的监督的发生场合正是在公共场域内与公共利益相关的检察权作用范围,包括下列四类:一是追诉型法律监督,即检察机关对其办理的案件行使侦查权③,如监所检察工作中所享有的侦查权;二是救济型法律监督,即对强制性措施的司法审查,防止公权力不当行使对公民权利的损害,诸如羁押必要性审查,解除财产的查封、扣押、冻结等;三是制约性法律监督,主要是指公诉权对侦查以及审判活动的制约;四是矫正型法律监督,通过检察建议纠正诉讼活动或行政活动中的违法情况;五是规范性法律监督,即检察机关对适用法律所作出的规范性解释,以及提出对法律法规的修改动议。④ 而对于检察机关的内部管理职能,公众实无参与必要,如案件管理、数据统计、后勤保障、人员管理等,因为这些内部管理职能不符合公共空间与公共利益双重评价标准。

3. 监督权的行使方式

公众监督权的行使需要通过系统的程序设计才得以实行,而且在不同类型的监督职能也有所区别。为了论述的完整性和逻辑性,

---

① 赵科天:《论“政府利益”与“公众利益”的辩证协调》,载《甘肃社会科学》2011年第3期。

② 侯建:《公众监督与国家工作人员隐私权的立法建制》,载《复旦学报(社会科学版)》2016年第5期。

③ 虽然国家监察体制改革收走检察机关的职务犯罪侦查权,但是这并不意味检察机关的所有侦查权都被“连根拔起”,2018年修正的《刑事诉讼法》第19条对检察院立案侦查的范围予以确立,保留了对非法拘禁、非法搜查、刑讯逼供等14个罪名的自行侦查权。2019年1月1日正式实施的《人民检察院组织法》第20条也规定:“人民检察院行使下列职权:(一)依照法律规定对有关刑事案件行使侦查权……”这表明,检察机关仍然保留了部分侦查权,只是在行使剩余这部分侦查权时必须“依法”且限定在一定范围内。

④ 对检察职能的上述分类的具体说明,参见汪建成、王一鸣:《检察职能与检察机关内设机构改革》,载《国家检察官学院学报》2015年第1期。

立足于公众参与的监督机制特殊性,本书将监督权行使分为参与监督检察和参与检察监督两类,二者虽然都属于公众参与的监督机制,但是由于指向不同,其侧重点也有所差异。

参与监督检察即公众对检察机关的监督,典型的如人民监督员制度运行模式。监督权具有非产生性质,有着纠错、难以管理特质,因而是一种内在贫困性权力①。与制约不同的是,监督还具有非闭合性特质,"谁来监督监督者"的难题仍待解决。毛泽东同志谈起政党如何跳出执政周期律时就满怀信心地提出了"让人民来监督政府"的监督模式,通过追溯权力的逻辑起点——人民主权,将其具化为异体监督的相关制度来闭合循环监督链条。对检察机关的监督可适用该模式,除了人民监督员制度以外,还应继续扩大公众参与监督检察的渠道,如可创设检察信访制度、人民参检员制度,或利用"智慧检察"改革契机为公众提供更便捷的监督方式。

公众参与检察监督,即公众通过检察机关法律监督职能对诉讼活动予以监督,这也是公众参与检察监督机制的亮点。公众参与检察监督是打通检察机关法律监督的"最后一道防线",其功能不仅仅在于补强监督力量不足,更是要在整合两种监督方式的基础之上拓宽公众监督的深度与广度。当前检察机关探索法律监督的实现方式已经暴露出了许多问题。如前所述,派驻检察室的设立就是现有改革思路堵塞的结点之一,监督本就带有"上监下"之意,在没有改变检察机关与其他司法行政机关的法律位阶的前提下而行使监督权很容易受到抵制。公益诉讼改革表面上看强化了检察机关诉讼地位,细分析之,其依然是法律监督职能的延伸,"检察公益诉讼具有宪法监督之意,由检察机关依法监督行政执法机关是否正确实施法律,是对立法机关监督法律实施职能的延伸"②。公益诉讼为下一步检察体制改革指明了方向,同时暗合了公众参与检察机关法律监督的思维路径,即社会公益受损而未有适格主体提起诉讼时,

---

① 韩志明:《监督权的制度逻辑、内在贫困和建构维度》,载《华东经济管理》2010年第3期。

② 刘艺:《检察公益诉讼的司法实践与理论探索》,载《国家检察官学院学报》2017年第2期。

检察机关可作为公益诉讼的代表人向法院提起诉讼。公众是公益事务的直接受益者，其本身就已经参与到公益诉讼之中，因此我们可以说公益诉讼是整合检察机关与社会公众的监督力量，共同指向违反社会公共利益的行为。这种监督力量的整合为派驻检察室提供了科学的范本。

（二）对公众参与的监督机制的反思

新的制度形成大致通过两种途径：一是先建立整体架构，在这个架构中建构相关制度，即由整至零的思路；二是在既定的目标指引下对某种制度深度探索，逐渐形成整体改革框架。两种路径各有优劣，前者有助于把握改革方向，便于对改革方案整体进行规划与调整，缺点是见效缓慢；后者的优势在于立竿见影，但缺乏对改革方向的整体性把握。对公众参与的监督机制的探索无论是理论还是实践上都处于萌芽阶段，由于缺乏对公众参与检察监督改革的全面规划，以至于使检察体制改革一直囿于对某一制度上的探索，长时期内未能有所突破。

公众参与监督检察和参与检察监督作为两种并行的机制，在检察体制改革中具有很强的偏向性，即过于注重公众的监督作用，忽视公众补强监督的作用。我们对待法律监督权应以辩证的眼光审视，既要收权也要拓权，实现法律监督的“收放自如”。学界更多地将关注点放在检察机关的法律监督与法律执行双重身份的混同上，从而一味地限制检察权，为检察监督职能的发挥人为地设置了障碍。

检察机关大力探索人民监督员制度、推行检务公开工程建设、举行检察听证活动，改革基本遵循着这样一种思维模式：吸收公众参与就是要发挥公众的监督权，将检察职能“晒”给社会公众，让其“知”“懂”“参”，至于检察职能的拓展则属于检察机关内部事务且无须公众参与。实际上，这种吸收公众监督的目的固化反而消解了公众参与检察的积极性。

若想发挥公众参与监督机制的实效，必须首先了解公众参与的目的与需求。笔者在检察工作中发现，除了了解关涉自身利益的案情以外，公众更愿意“配合”检察机关的办案，希望实现自我权利与公权力的结合，提升自我的社会影响力，尤其是作为第三者参与到检察监督调查,其参与意愿尤为强烈。[①] 由此可见,公众参与检察监督的需求不亚于监督检察。

建立公众参与检察监督机制或许能够激发公众参与检察的热情,在利益输出一致的前提下,吸纳公众参与履行法律监督职权中,让公众更切身体会到检察职能的法律功效与社会功效,更能够提升公众参与的热情。因此必须尽快激活公众参与监督检察机制,使两种监督功能相辅相成,共同服务于检察机关法律监督职能。

四、激励机制

(一)激励机制的基础:激励理论

激励作为心理学和组织行为学的专业术语,是指持续激发人行为动机的心理过程。一个人的行为总是受到内在或外在的影响,将这些影响经过转化而产生动力,促使个体从被动式行为向主动作为转变,这就是激励作用的发生方式。激励理论最早发迹于企业管理学,西格尔(Segal)和惠斯顿(Whinston)指出,每个组织都面临一个基本问题,为组织成员的高效行为提供激励。[②] 我国经济学界从不同角度对激励理论发展历程进行了系统归整,如马晶认为人们对激励理论从两个不同思路展开,一是通过经验总结与归纳,二是在人性假设基础上进行逻辑推理[③]。苏明城则从经济学、行为主义、理论综合三个角度对激励理论的发展予以总结评述。[④]

早期激励理论旨在解决企业中激烈的劳资冲突关系。弗雷德里克·泰勒提出了"经济人"的假设,他认为劳资双方有着共同的经济利益追求,但是员工希望通过工作获得更多的经济报酬,企业主则是希望在较少的投入下获得更多利润。员工获得更多的经济

---

① 笔者曾参与一起生产销售有毒有害食品罪的诉讼过程并协同提前介入侦查,在对市场走访取证时,社会公众对检察机关参与查处食品犯罪产生强烈兴趣,均愿意积极配合并提供许多有用的侦查线索,为检察机关引导取证和证据固定提供便利。

② 袁仕福:《新经济时代需要新企业激励理论——国外研究最新进展》,载《中南财经政法大学学报》2012 年第 5 期。

③ 马晶:《西方企业激励理论述评》,载《经济评论》2006 年第 6 期。

④ 苏明城、张向前:《激励理论发展及趋势分析》,载《科技管理研究》2009 年第 5 期。

报酬就会提升企业生产的成本，必然降低企业主获得的利润。同样，企业主如若要促使利润最大化，就需要对生产成本进行严格控制，这就是劳资冲突的症结。泰勒针对这一现状提出做大整体利润的观点，即员工努力工作创造更多的利润，企业主根据员工工作量提供相应报酬，以实现“共赢”效果。泰勒主张以金钱刺激的手段促使员工做出符合企业利益的行为。然而，这种假设在金融危机中逐渐被击溃，唯金钱论被员工看做是一种欺骗手段，很多人认为激励理论已经无法面对当时的经济形势。

以员工需求为内容的激励机制形成并取得了较大影响。美国人本主义学者马斯洛(Maslow)在1954年出版的《动机与人格》中首次提出个体需求层次理论，他认为人的需求由低到高分有层次，低层次需求满足后会向高层次发展，管理者需要了解不同层次的需求并加以引导。后来学者们根据马斯洛的思路又创造了诸如“ERG”理论、“双因素”理论等，但是这种内容型激励理论并未处理如何激励员工问题，而过程论者对该问题加以深化研究，有代表性的如弗洛姆(Victor H. Vroom)的期望理论、亚当斯(J. Stacey Adams)的公平理论。期望理论认为人们都在为自己设定一个目标，对目标的期望是个人动机的激励，“目标价值×期望概率＝激发力量”。公平理论提出员工激励不仅在于对他投入多少，更在于同等行为是否获得同等报酬。

无论是过程激励理论还是内容激励理论都只是关注人的行为的某一部分，缺乏整体意义上对动机模式的研究，因此，学者开始尝试将上述两类激励理论融合并改造成更为全面的激励理论。如罗宾斯(Stephen P. Robbins)的动机理论最大限度地融合了各种激励理论。他认为孤立地看待任何一个动机激励模型都具有片面性，因为这些思想是可以相互补充成为一个完整的理论，对此他提出以个人努力、个人绩效、组织奖赏、个人目标为架构的整合理论。

(二)激励理论在公众参与检察监督中的适用

激励理论在公众参与中运用的过程也是运用激励模型分析参与动机、构建公众参与管理对策的过程。十八届三中全会提出鼓励和支持公众参与，十八届四中全会也对保障人民群众参与司法问题进行专门论述,但是纵观公众参与的现状,公众参与的意愿与热情与国家的期待仍有差距。

企业管理民主与司法民主之间具有共通性。公众与司法机关之间的关系也类似于企业与员工之间的关系,现代企业理论认为员工参与企业管理是必要的,企业应当注重内部的民主化管理,公众参与司法作为宏观上的政治民主与企业的管理微观经济民主之间存在密切关联。本节借用激励理论分析公众参与检察机关法律监督活动的动机及管理方式,希望有所启发。

罗宾斯激励理论更具完备性,为我们提供了科学和周延的分析模型。下文将从中择取期望理论、成就激励理论、强化理论、公平理论对公众参与的激励机制予以剖析。

1. 期望理论的具体适用

期望理论是心理学家弗洛姆在其《工作与激励》中提出的经典心理学理论。作为理性的人都会对生活或事业有基本的预期,根据实现的可能性和报酬的重要性选择是否采取某种行为。[①] 罗宾斯认为,个人绩效水平与个人工作能力以及客观公正的评价标准有关,如果因突出的工作业绩而获得组织奖赏来满足个人目标,此时个人的工作积极性就会大幅度提高。[②]

在公众参与检察中,公众希望通过个人的努力从而满足个体目标,而检察机关应当对个人努力与绩效进行评价并给予奖赏,这是期望理论模型的总体架构。但是个人努力、个体目标、报酬之间并不存在必然的关联,期望理论认为激励力量等于效价与期望值之间的乘积,假定个人通过努力获得高绩效的概率为0.8,相信高绩效获得检察认同的概率为1,检察机关满足个人期望的概率为0.9,那么激励力量就等于三个数值的乘积即0.72,此为较高的激励力量。而如若其中一个变量变低,如检察机关满足个人期望概率为0.1,那么所得出的激励力量就极度下降。在这些激励因素发生化学反应的

① V. H. Vroom, *Work and Motivation*, New York: Wiley, 1964, p. 68.

② 杨英法:《矛盾的处理解决方式问题研究》,兰州大学出版社2003年版,第85页。

过程中,还会掺杂着工作条件、环境、人际关系等因素影响,这些变量因子的加入会使激励机制产生较大不确定性。

启示:检察机关在建立激励公众参与机制时,要根据权责统一之原则为公众设定合理的参与目标,针对公众参与实践而建立科学的绩效考核机制,将公众参与效果与薪酬挂钩,运用有效的激励手段提升公众参与意愿,同时,要充分了解公众参与的意愿与需求,尽量满足不同阶层群体的不同目标追求,提高公众参与的能动性与积极性。

2. 成就激励理论的具体适用

著名心理学教授戴维·麦克利兰(David. C. McClelland)认为人们基于归属、权力和成就三种需求而产生激励动力。所谓归属即人与人之间亲密的依附关系,权力是人们影响他人的行为需求,成就则是达成目标和获得荣誉需求。激励人们行动的主要因素是在奋斗过程中取得的成就感,而非最终获取的报酬等奖励。[①] 成就激励理论更注重特殊群体的内在驱动力,对于这部分群体而言金钱或许并非唯一的激励因子,只要他们认可所从事的行业且为了完美完成而努力工作,在此过程中形成的成就感对其本身就是激励。

启示:物质吸引与非物质吸引都是激励公众参与检察的重要因素,其中关键是在与公众群体有效沟通的基础上进行科学区分,检察机关需要对这部分人员需求制定专门的参与方案,营造良好的参与氛围,建立符合公众成就预期的检察文化。对于成就需求者而言,单纯地依靠金钱诱惑、物质刺激很难对其产生激励效果,而如果对参与者充分授权、增加信任,实现多渠道的激励,就会产生较强的激励动力。

3. 强化激励理论的具体适用

强化激励理论是美国心理学家斯金纳(B. F. Skinner)提出的,他认为人们的行为具有重复性,当实施一定行为而立刻受到回报时,他们就会继续重复这种行为。强化激励理论强调行为结果与回

① D. C. McClelland, *The Achieving Society*, New York: Van Nostrand Reinhold, 1961, p. 137.

报的直接关联性，同时还要具备一定的即时性，强化激励的效果会随着时间推移而逐渐弱化。班杜拉（Albert Bandura）发展了强化理论，他认为道德是塑造的，与行为结果有关，行为再现的预期可能随着奖励的提高而提高。强化激励理论最大的贡献在于它是一个人行为的动力所在，它塑造行为、提高行为的频率和维持行动的动机水平，没有得到强化的行为将逐渐消退。

根据强化目的的不同，强化措施分为正强化、负强化、忽视与惩戒四种：

（1）正强化，指通过奖励来鼓励某种符合目标的行为，奖励可以是金钱、荣誉、表扬、晋升等措施，正强化是最为常见的强化激励方式。（2）负强化，指提前告知某种行为不符合目标的实现，警戒不要从事该种行为，预防不利结果发生，即我们通常说的预防措施。（3）忽视，指针对正强化而言，管理者取消对行为人的正强化，放任该行为的发生发展，经过一定时间周期，该行为会自动弱化直至消失。（4）惩戒，即通过强制性惩罚措施，制造令人不愉快的结果，以表示对某种行为的否定，从而减少该类行为发生。

强化激励理论是用于解决行为进程的方法，它通过促进、预防、放任和阻止等方式影响人们的行为进程，将强化手段与个体需求结合起来就会产生控制的效果，将强化激励理论应用于激励公众参与检察，对引导公众参与有着良好的指导作用。

启示：对于如何运用强化激励理论指导公众参与检察监督的良性发展，关键要从两方面入手：一是建立参与示范典型并施以正强化措施，对积极参与和表现的参与人的先进事迹树立典型，并进行宣传报道，从而引起更多潜在参与人的共鸣，对于其他参与人而言应将从正面营造持续参与的气氛；二是适当使用负强化和惩戒法，对于违反规定干扰司法办案的参与行为应当进行警戒和预防，如在公众参与评议之前签署的保密协议就属于负强化措施，负强化的作用是消除公众内心可能的负面行为，使积极的参与动机占据主动，对于已经干扰正常司法活动的行为司法机关应当根据严重程度进行惩罚。

4. 公平激励理论的具体适用

美国北卡罗来纳大学心理学教授斯达西·亚当斯根据认识失衡理论提出了著名的公平理论,他认为在不公平的环境下会产生激励的消退,理想的公平体现在两个方面:一是自我的投入回报比应当与他人的投入回报比相等;二是自己现在的投入回报比应当与自己过去的投入回报比相等。如果他人的投入回报比大于己方那么就会引发不满情绪,如若己方的投入回报比高于其他人,也会产生不安的情绪。①

亚当斯的公平理论虽然已广为熟知,但是实用性却受到广泛质疑。由于缺乏公平的衡量标准,付出的价值计算也难以量化,其应用只停留在泛泛分析层面,因此除了提出该理论以外,亚当斯也没给出具体实施路径。为了使公平理论更有实际操作价值,1975 年锡博特(John W. Thibaut)和华尔克(Lanren Walker) 提出程序公平理论,该理论认为只要人们对过程有掌控,无论结局如何,其公平感会大大增加。

启示:公平感是一种人的主观情感,检察机关作为公众参与服务的提供者需要最大限度地为公众提供公平的参与环境,建立科学的绩效评估制度,保证公众在同等条件下获得同等报酬。应扩大信息公开范围,增加公众参与决策的范围,通过程序性参与努力消除公众的不平衡感。检察机关在于公众交流过程中要降低姿态,自觉遵守真诚、礼貌、谦逊、得体的交际礼仪,让公众感受到被尊重,从而形成良好的公平交流方式。

第三节　公众参与检察机关法律监督的限度

检察机关法律监督需要公众参与已然形成社会共识,党的十九大顺利召开进一步推动了公众参与司法理论和实务的发展。公众参与检察机关法律监督是公众与检察机关在一定的限度内互动的过程,在这个过程中双方均应遵守各自的底线,从公众的角度而言,

---

① J. S. Adams, *Inequity in Social Exchanges*, New York: Academic Press, 1965, p. 11.

即参与行为的底线与上限。本节将从公众参与与司法民主、依法独立行使检察权的关系角度，透视公众参与检察监督的限度问题。

一、公众参与之滥觞

在检察机关法律监督过程中，越来越多的公众出于朴素的正义观念积极参与热点案件的讨论。随着检务公开的进一步深化，检察机关的诉讼裁量权运作模式也在逐渐地展现给公众，公众知情权、参与权范围扩充的同时，也带来了公众参与的失序。公众参与检察机关法律监督是司法民主的重要组成，司法尽管具有远离民主的特性，但“却不排斥一定程度的公共参与，故而司法中些微的‘民主性’由此体现”[①]。

公众参与曾以独特的实践探索和卓越的民主品格塑造着人民司法的传统，但是随着时代发展和现代化转型，公众参与在司法领域呈现出对峙与失范，这既表现为政治家对民主司法的空洞幻想，又表现为建立权威高效的司法体制的迫切需求。在过去一段时间，公众参与并未朝向良好秩序的政治预设发展，且常常暴露出“反噬司法”的现象。2011 年发生的“药家鑫案”从正面揭示了司法与公众的冲突，“人民司法正在以前所未有的深度与广度遭遇现代性，面对转型社会的多元价值诉求，人民司法的当代实践开始陷入一种进退失据的内在紧张之中”[②]，这使我们不得不反思，我们需要什么样的公众参与，抑或是公众参与司法的限度何在？

欲解决上述问题，必须依次回答两个质疑：一是公众参与司法民主具备什么样的关联性；二是公众参与是否对依法独立行使检察权构成破坏。前者旨在划定公众参与的下限，后者旨在厘定公众参与检察监督的边界，即公众参与的上限。在此基础之上论证公众参与检察机关法律监督的限度或许将会更有说服力。

---

① 韩轶、江国华：《司法民主：理论与现实的困境》，载《时代法学》2010 年第 1 期。

② 陈洪杰：《司法如何民主：人民司法的历史阐释与反思》，载《比较法研究》2016 年第 5 期。

二、公众参与司法民主之关联

公众参与是否能够与司法民主画等号，司法民主之于公众参与是什么样的逻辑，直接关系着检察监督领域内公众参与的成败。单纯从形式上分析，“民主意味着参与，这似乎是一个不言自明的命题”①，但从实践中可发现，民主可以是参与，参与却不一定是民主，参与只是实现民主的一种形式路径，公众参与与司法民主之间并不存在直接转换关系。司法机关视野下的公众参与强调希冀借助公众之力深化司法的民主属性，是司法机关主体性思维引导下的功利主义预期民主。但是公众参与除了应满足司法民主的形式要件，还需要在主体、内容、方式等要素上符合公众期待，独立性正是解决这些问题的关键性要素。

（一）什么是司法民主

周永坤教授通过对七种民主理论的梳理，认为中国当前的民主理论属于“片面的主体民主理论”，因为“人们仅仅将民主与掌权的主体联系起来，而不关注个人的权利与承载个人权利的制度建构”②。他提出要用多元民主理念重构司法民主。孙永兴从民主制度建设角度出发，认同司法民主是多样的，司法民主承载着多重价值目标，因此司法民主也应该是多向度的。③ 当然，也有反对言论，如陈端洪认为司法本质是法律推理过程，具有中立性，民主体制具有个人偏向性，二者截然不同，“司法与民主是两回事，应保持距离”④。

实际上，反对司法民主的焦点在于司法中的民主不利于司法裁判，容易导致情绪、民意替代司法的现象。司法运用经民主产生的法律法规裁判案件已然是民主，无须在法律之外寻求额外的民主方

---

① 胡伟：《民主与参与：走出貌合神离的困境？——评卡罗尔·帕特曼的参与民主理论》，载《政治学研究》2007 年第 1 期。

② 周永坤：《我们需要什么样的司法民主》，载《法学》2009 年第 2 期。

③ 孙永兴、李明：《论多向度的司法民主》，载《前沿》2013 年第 5 期。

④ 陈端洪：《司法与民主：中国司法民主化及其批判》，载《中外法学》1998 年第 4 期。

式。诚然,公众情绪具有较强的可塑性(或说易变性),非理性冲动的民意容易损害司法权威。但是,反对观点片面地对民主进行了解读,未能真正理解司法民主中的民主含义。民主不仅仅是让民做主的字面含义,笔者认为,民主由三个要素构成:(1)"民"之主体尽可能广泛;(2)"主"之内容尽可能自决;(3)"目的"之合规律性。而司法民主之民主除却具备上述三要素外,还应具备:(1)以民主化的事实——法律为根本依据;(2)以程序规定性——民主程序为进路;(3)尊重和维护司法权威。反对者立论所称的司法民主与集中关注于极端的民主化形式,正如司法民主的合理性并不能直接证成民主化形式的合理性一样,反对司法民主化也不能构成对司法民主的反对。换言之,司法大众化并非真正意义上的司法民主。

上述要素的过滤使司法民主与大众司法相区别。首先,大众司法只是司法民主化的极端形式,而司法民主是一种民主的制度安排;在大众司法中存在"私意"因素,大众并不具有广泛代表性,只不过是部分群体基于内心私利需求而作出的极端行为;其次,大众司法的决策汇集了大量人格化的感性、情绪因素,而司法民主的核心是非人格化的法律规范,这也使大众司法更容易受到其他权力的控制,司法民主却会产生控制权力的效果;最后,大众司法是一元化的话语体系,内部缺少民主沟通机制,司法民主是多元化的决策系统,有严格的法定程序和规则保障。需要特别指出的是,即使大众司法的话语规则性质可能证明自身的合法性地位,"它通过传递的语用学,不借助辩论,也不提出证据,就使自己获得了信任"[①]。但这种由公民直接参与讨论和决定的民主形式很容易产生情绪化倾向,对现代民主架构形成威胁。

(二)司法民主接纳公众参与的最低限度

当代民主理论对公众参与持慎之又慎的态度,如帕特曼(Carole Pateman)教授指出的那样:"参与在社会学家和政治学家的民主理论体系中只占据微小部分,而且近年来提出的民主理论大多重视公

① [法]让-弗朗索瓦·利奥塔尔:《后现代状态:关于知识的报告》,车槿山译,生活·读书·新知三联书店1997年版,第56~57页。

众的广泛参与,这是具有巨大的内在危险性"[①]。当代西方主流民主理论虽将参与看作可有可无的公众政治活动形式,却对精英式民主大力推崇。究其原因,大致有三个方面:其一,"乌托邦"式幻想夹杂其中,鉴于效率和成本,参与只有在小团体和利益单一团体中才有意义;[②]其二,精英民主可避免参与民主的不受限性,从而断绝与独裁控制的联系;其三,无政府主义倾向,直接参与政治破坏了代议制体制,政府在参与式民主中的地位被大众取代,使自身被虚置与架空。

从现代司法民主的运作形式和实现形式来看,司法的公众参与已成不可逆转之势。参与式民主是司法民主的表现形式之一,没有公众参与的司法难以称之为民主司法,纯粹的司法职业化与主流民主政治不相融合。公众参与对司法民主的推动作用体现在:

(1)司法的过程是根本利益的一致性与多元利益相互协调的有机统一,在这个平台上,司法机关需要考量包括当事人在内的多重利益关系,科层制下公众之间由于身份相同而容易产生互相认同感,有助于化解因不同利益产生的矛盾,实现司法民主中民主化解纠纷的目标。

(2)公众参与有助于维护司法公正,防止权力专断。在我国,政治权力与司法权力具有高度的复杂关联,仅仅依靠司法来排除行政权力的恣意干涉已不足够充分把控局面,公众参与司法同时也维护了司法的公正性。[③]

(3)公众参与与有助于推动司法民主文化的传播。在西方,参

---

① Carole Pateman, *Participation and Democratic Theory*, Cambridge: Cambridge University Press, 1970, p. 1.

② [美]乔万尼·萨托利:《民主新论》,冯克利、闫克文译,上海人民出版社 2009 年版,第 126 页。

③ 2011 年 6 月在由中国人民大学诉讼制度与司法改革研究中心主办的"公民参与司法与人民监督员制度研讨会"上,时任北京市昌平区人民检察院检察长韩索华讲道,公民参与司法可能最主要的作用还是体现在监督上,在审判环节一方面体现了监督,另一方面更多的是体现公平,而不是正义,因为不相信普通的群众素质和能力能够超过处置专业审判环节中的这些法官,所以他参与的过程某种程度上体现的是公平,通过公平体现民主。参见陈卫东主编:《公民参与司法研究》,中国法制出版社 2011 年版,第 858 页。

与过陪审的公众在参与政治事务上的热情要高于未参与过的公众，司法民主彰显的民主理念通过公众的参与行为而在公众之间相互传递，间接地增加司法民主的效度。

那么，司法如何接纳公众参与或者说公众参与司法的底线是什么？对该问题的回答直接关系着公众参与的广度与深度。本书认为，司法民主为公众参与提供最低限度的保障限度在于保证公众参与的独立性。

按照雪利·阿恩斯特（Sherry Arnstein）公众参与的八个阶梯模型，操纵和训导属于假参与，剩下六种为表面参与或深度参与类型①。操纵是指组织者按照自己的意图控制公众参与全过程，训导则是指组织者运用公众参与的形式达成特殊目的，这种参与形式的本质其实是公众的"无参与"行为，其他六种情形或多或少都有公众独立意识，只是在程度上有所差别而已。缺少独立性保证的公众参与难以言之参与，毋庸提及公众参与的实效问题。公众参与的独立性并不旨在解决公众意见必须被司法机关采纳的问题，而是保证公众的自主性和独立性，有自由决定自己的参与行为。蔡定剑教授指出，一个有效的公众参与必须满足五个条件：可以获取信息；可以提出自己的意见，并相信有关程序会采纳；可以积极参与和选择方案；可以评论部分正式方案；能够得到反馈。② 这也是独立参与的基本要求。

根据我国司法体制的特殊性，公众参与的独立性还应包含以下几个要素：

一是信息公开。公众不仅要了解被告之参与的时间地点等信息，还要能够凭借司法公开程序获取参与的程序、影响、限制等，且这些信息必须是中立的和最新的。

二是信息可达。为公众提供必要的信息传递手段，如翻译、解释、解读等，保证公众不因语言文化等原因被排斥在公众参与机会之外。

---

① 剩下六种依次为告知、咨询、展示、合作、授权、公民控制，参见蔡定剑主编：《公众参与：欧洲的制度和经验》，法律出版社2009年版，第51页。

② 参见蔡定剑主编：《公众参与：欧洲的制度和经验》，法律出版社2009年版，第65页。

三是言论自由与免责。公众可以独立地对参与对象发表意见，不受司法机关干扰，同时在不违背法律法规的前提下，所发表的言论不被追究责任。

四是获得尊重。受到尊重是公众参与独立性的引申之意，公众参与过程中，司法机关必须予以心理上的尊重，禁止有藐视、蔑视和放任行为，心理上的压迫和感情上的遗弃是对公众参与内在独立性的破坏。

综上所述，司法民主对待公众参与或许有多重目标或形式，但是在保证民主参与的最低限度上应当是维护公众参与独立性。

三、公众参与与依法独立行使检察权之关系

《宪法》第 136 条规定："人民检察院依照法律规定独立行使检察权，不受行政机关、社会团体和个人的干涉。"公众参与作为司法民主的实现形式之一，必然与检察权力发生直接联系，甚至随着参与化程度的加深，会更加深入到检察监督的各个层面。公众参与遵循的是民主价值理念，民主与独立的两种逻辑悖论之间怎么调和，如何避免公众参与对依法独立行使检察权的破坏，是划定公众参与检察监督上限的关键问题。

（一）何为依法独立行使检察权

依法独立行使检察权是检察权运行所遵循的原则之一。依法独立行使检察权的价值预设遵循了这样一个制度理念：法律应当与政治、经济、社会保持一定距离而取得自律与自制力。与审判权不同的是，检察权自其产生之日起就与政治密不可分。如在检察制度的发源地法国，它的检察机关主要服务于政府，宪法规定了检察官具有司法与行政双重身份。

在法国，只有在检察机关提起公诉时法院方得受理刑事案件，检察机关独立于法院，法官不能命令或删减检察机关提出的"提起公诉意见书"的某些词句。① 英美法系检察独立程度较高，主要由

---

① ［法］卡斯东·斯特法尼等：《法国刑事诉讼法精义》，罗结珍译，中国政法大学出版社 1999 年版，第 129 页。

于其政体中权力制衡的制度安排，且与将公诉权定为检察权的核心有关，如美国的检察官能够独立选择提起诉讼的对象，在开庭前自由地撤回起诉等。

组织安排上，依法独立行使检察权又表现为“检察一体化”原则。检察一体化，是指上下级检察机关之间领导与被领导的关系，将全国检察机关作为整体统一行使检察权。检察一体化原则主要表现在三个方面：一是上下级领导关系。上级检察机关领导下级检察机关的工作，最高检领导全国检察机关工作。二是同级检察机关之间的协助关系。全国检察机关作为一个整体，同级之间的相互协助是统一行使检察权的必然要求。三是检察业务上的继承关系。如果检察院不适合对某一案件行使检察权，上级机关有权在职责范围内针对该案件指定其他检察机关办理。检察一体化有利于使检察机关形成纵向上和横向上的合力，排除外部干扰，维护法治统一和法律的有效实施。

当前学界对于检察一体制与依法独立行使检察权之间的关系有较大分歧，集中体现在对检察官是否具有独立性问题的质疑。检察一体原则是指检察机关整体上独立，并非检察官个体独立，这一点从《刑事诉讼法》与《检察官法》之间的不同表述可以发现，《检察官法》规定检察官是依法行使检察权的人，检察官依法独立履职不受行政机关、社会团体和个人干涉。[①] 但是《刑事诉讼法》中并未有关于检察官独立履职的规定[②]，因此“我们可以推导出检察官是检察权的行使主体，而由刑事诉讼法推导出来的则是人民检察院”[③]。这种质疑人为地割裂了检察机关与检察人员之间的履职联系，造成检察官的履职行为无法归结于其所在检察院的尴尬境地，这与实际状况有较大差异。

实际上，检察机关的独立性是以检察官的独立性为前提，检察一体也并不排斥检察官的独立性。理由如下：第一，检察权的行使

---

① 参见《中华人民共和国检察官法》第 2、6 条规定。

② 即便有些条文提到检察人员，如第 14、29、30、31 条等，但是这些条款只是对检察人员依法履职的义务性和救济性条款。

③ 陈卫东、李训虎：《检察一体与检察官独立》，载《法学研究》2006 年第 1 期。

最终落脚在检察官身上，没有检察官的独立履职，检察机关的独立性就缺乏保证；第二，检察权的司法属性要求检察官同法官一样具备一定的独立性，否则难以排除其他干扰而担负诉讼职能；第三，当前司法体制改革实践印证了检察官独立的要求，如员额制改革、主任检察官制度、办案责任制改革等；第四，检察官在行使职权时代表的是检察院，而非检察官自身。但是，检察官的独立与法官的独立有所差别，这不仅在宪法中有明确依据，而且在诉讼法中也有所体现，朱孝清教授称之为"检察官的相对独立性"①。检察一体与检察官独立的最终目标一致，均是为了实现司法公正，检察权的司法与行政双重属性要求检察官对内一体、对外独立。

（二）依法独立行使检察权与公众参与之界限

依法独立行使检察权与公众的民主参与似乎背向而行，即使是接受民主参与，也排斥大众式参与而愿意选择精英式参与。司法民主主义果真如学者所言"将削弱现代司法的形式合理性基础"②么？笔者认为，所谓依法独立行使检察权只关注检察权与其他公权力的关系维度，而在社会关系维度上基于民主的要求，检察权应充分考虑公众意志，依法独立行使检察权的根本目标与公众参与具有一致指向性：实现社会正义与自由权利。公众参与不仅不会破坏依法独立行使检察权，在一定程度上还会补强检察权因独立性而造成的经验缺失，进一步为独立性提供有力支撑。正是因为二者处于同一价值立场，才会有整合的可能性。具体而言，通过以下几点予以证成：

首先，打破检察权封闭性，维护检察权威。虽然通过检察一体化运作，上级检察机关能够及时纠正下级检察机关的错误，实现对下级检察权力的制约，但科层压制下的组织构造能否保障上层决策的合理性值得怀疑，根据常识，层级越高，所作出的决策影响和风险越大。公众参与作为外部监督力量参与到检察决策中，大众智慧实质上分摊了上层决策的风险，同时，凭借强化民主参与还能保障检

① 朱孝清：《检察官相对独立论》，载《法学研究》2015 年第 1 期。

② ［日］棚濑孝雄：《纠纷的解决与审判制度》，王亚新译，中国政法大学出版社 2004 年版，第 248 页。

察权运行的有效性,扩大检察权的公众认同度。

其次,公众参与不仅是经验的,更应是规范的。当代民主理论受限于经验主义立场,忽视了民主的规范性指引作用。后现代主义中,知识“不再被看作是中立而客观的,它是社会的建构”①,正义的标准不只是掌握在检察官手中,公众基于理性的判断也具备了相当的说服力。

再次,人民主权要求检察官必须时刻面向公众。检察官依法为民履职并不是要求回归大众司法时代,而是要敏锐地捕捉民意与倾听民声,因为仅靠专业化知识和抽象化的法学理论并不能使决策独断公众生活,而“法学知识是历史语境化的,而非普遍科学化的”②,历史经验告诉我们,权力的行使必须尊重法律、尊重人民,顺应历史潮流。

最后,公众参与有助于治理司法腐败。司法腐败的根源不是公民权利的介入,而是其他公权力对司法权的不当干预,公众参与检察监督可以对这些干预予以抵消。

然而,依法独立行使检察权与公众参与即便可以融合,但也必须有一定的限度,时常出现的“媒体审判”是为最好的反面例证。依法独立行使检察权视域内公众参与的限度就是公众参与的上限,因此问题的症结也即如何在保证依法独立行使检察权、不干预到正常检察活动的前提下,使公众有序参与到检察监督中,发挥民主监督的功能。

党的十七大开始,公众有序参与政治成为各个时期国家工作的重心,在十九大报告中,扩大人民有序政治参与,保障人民参与权再一次为新时期司法改革指明方向。可以看出,“有序”作为公众参与的定语对公众参与行为作出了明确限制,公众参与检察监督也应在“有序”范围内进行。

基于上述考虑,本书认为,公众参与的限度必须以有序性为核

---

① ［英］吉尔德·德兰逖:《社会科学——超越建构论和实在论》,张茂元译,吉林人民出版社2005年版。第13页。

② 刘星:《法学“科学主义”的困境——法学知识如何成为法律实践的组成部分》,载《法学研究》2004年第3期。

心,以法律文本的有效性为前提进行改革。为了实现这一目标,至少需要做三方面的努力:

首先,法治底线,即不得僭越法律而为之。改革开放以来,依法治国已然成为社会大众的共识,法治划定了公众参与的底线,只有依法参与才会实现参与目标。现实中,仍然存在蔑视法律文本的行为,如信访体系中闹访、群访、上访行为,破坏了良好的信访法治环境。实际上,在一个法治国家内"法律而不是抽象的价值,应当被人们视作目前为止所能达到的最低共识",公众应当尊重法律文本,根据法律规定的程序、范围、方式参与检察监督,公众与检察机关也只有在法律之治的场域内平等对话,才能维持权利与权力间的界限,发挥民主的最大优势。

其次,法治建设,即建立公众参与的制度性约束。法律文本具有僵硬性和滞后性,但如果与法律制度相结合,就会使法律词语跃然纸上。公众参与必须予以制度化和具体化,通过制度性的约束防止滥用参与权情形发生。邓小平同志曾说过:"制度好可以使坏人无法任意横行,制度不好可以使好人无法充分做好事,甚至会走向反面。"[①]制度是为人性设计的最后一道防线,也使公众参与的底线实体化。

最后,法治思维,即自觉运用法治理念认识参与行为的意识。科学技术迅速发展,法治思维似乎并未跟上科技步伐。民主政治制度下的每一个人都应具有"像法律人一样思维"的能力,法律人的思维首先是权利义务思维,其次是约束性思维,具体到公众参与来讲,就是要求公众要在维护好参与权的同时自觉遵守法律义务,以法治价值引领、规范和约束公众的参与行为。

---

① 《邓小平文选》,人民出版社1983年版,第293页。

第四章　检察机关法律监督权能结构中的公众参与问题

国家监察体制改革与公益诉讼改革实际上形成了检察机关法律监督权的"一增一减",增加了民事和行政法律监督权的内容,减去了职务犯罪侦查权,并在这一增减中形成了新的职能体系。公众参与检察机关法律监督的研究一般是从两个不同层面进行:一是在整体上立足于文本规范、诉讼职能、主体等,探讨公众参与检察机关法律监督的基本原理、正当性问题;二是从具体权能出发探讨各项权能的公众参与问题,主要关注公众参与在各项权能中的运作模式。若要对公众参与法律监督权制度进行系统建构,离不开对各个权能结构中的公众参与问题的分析。从本章开始,笔者将对法律监督权的权能结构作类型化分析,将法律监督权的类型划分为公诉权、侦查监督权、审判监督权和执行监督权,通过分解权能结构方式分析其中的公众参与问题,希冀在类型化过程中深化我们对公众参与检察机关法律监督制度的认识。

第一节　法律监督权的权能结构分析

一、法律监督权能构成之争

法律监督权的权能结构,又可称作职能结构,是指检察机关行使的各项职权类型以及各个职能的表现形式。关于法律监督权的权能结构,学者有着不同的认识。如肖金明教授将检察职能划分为两个主要方面,检察监督与检察执法。检察监督除了《人民检察院组织法》规定的五项职权外,还应将行政行为纳入监督范围。检察执法则包括侦查、批捕与公诉,因为公诉是检察人员在法庭上代表国家行使的求刑权,而非对法院监督,因此公诉应属于执行权属类。[①]

李建明教授则将检察权能结构划分为三个层次:公诉权、诉讼监督权和侦查权属于第一层次,因其具有法律监督的属性,并组成了检察权的全部内容;第二层次是三个权能下属的各个具体权能,如不起诉权、民事行政监督权等;第三层次是为了实现第二层次所具有的手段,如批准逮捕、侦查监督等。[②] 甄贞、蒋伟亮等学者也持相同的分类方式。

石少侠教授以审判活动为中心,进一步将诉讼监督权按照诉讼阶段分解为侦查监督权、审判监督权和执行监督权,他在坚持法律监督一元论的基础之上提出检察权与法律监督权是统一位阶概念,检察机关所有的职权都带有法律监督性质。[③]

蒋德海教授赞成二元论的划分方式,提出检察权与法律监督权是两种权力形态,检察权是纠正权,是对一般犯罪行为的追诉,而法律监督权是纠正和预防权,对象是国家公职人员,如公诉权就是具有制约性质而非监督性质的权力,因此不能划入到法律监督权结构

---

① 肖金明:《论检察权能及其转型》,载《法学论坛》2009 年第 6 期。

② 李建明:《优化权能结构:检察权优化配置的实质》,载《河南社会科学》2011 年第 2 期。

③ 石少侠:《我国检察机关的法律监督一元论——对检察权权能的法律监督权解析》,载《法制与社会发展》2006 年第 5 期。

中,法律监督是我国检察机关的性质而非全部。①

综上所述,法律监督权的权能构成之争本质是权力的配置问题,具体而言即公诉权配置问题。对此学界也存在一元论和二元论之争②,一元论主张公诉权具有法律监督性质,检察机关的职能目的是通过监督公民守法而维护国家公益,系法律监督权的初始形态;二元论认为公诉权具有程序启动权的性质,符合诉讼规律的权力形态。一元论下法律监督权构成理论立足检察权的本质是制约与制约,意在指明政治体制结构内检察权力的监督功能;二元论则站在公民权利的角度,意在强调诉讼权利的平等价值,不同价值取向导致不同的划分标准,产生不同的权能结构。因此,在分析法律监督权权能结构时必须与具体问题相结合,由此得出的结论更具有实践操作性。

二、公众参与视域下的选择

第一章业已论证,检察机关的法律监督是功能性概念而非属性概念,公众参与的对象集中体现在对法律监督职能的参与上,至于检察权到底为何种属性并不关注,一元论的理论包容性更强,公众参与检察监督制度的建构不会陷入多重理论的泥沼。

本书拟对法律监督权能划分为公诉权、侦查监督权、审判监督权和执行监督权四类,主要基于下列几方面原因:一是这四类权能基本上能够涵盖检察机关各项决策及监督职能,有利于论证上的周延;二是便于公众参与与上述权能结构制度间形成无缝对接;三是职务犯罪侦查权已经合并至监察委员会,公众参与的必要性丧失,在此不做论述;四是除了公诉权以外的三类监督对象分别指向侦查机关、审判机关和执行机关,与刑事诉讼阶段相吻合,而公诉权立足追诉职能直接指向违法犯罪活动,其内涵较为丰富,应单独讨论。

---

①　蒋德海:《“以法律监督为本质”还是“以控权为本质”?——兼论中国检察机关的职权配置》,载《河南社会科学》2011 年第 2 期。

②　一元论权力结构是指检察机关所有职权都具有法律监督性质,公诉权也属于法律监督权门类中的一种,与一元论权力结构相对应,二元论权力结构主张法律监督权与公诉权分属于不同种权力性质,二者不再是包容关系,而是并列关系。

需要说明的是,从宏观上讲,公众参与检察监督主要比照检察监督的权能结构展开,而实践中,大量的公众参与是具体的、多样的和非正式的,比如涉检信访作为重要的公众参与检察监督形式就无法归类于权能结构中,也难以用制度的形式予以固定,其不仅涉及检察部门人员的监督意识,更与当前民主制度、文化、政治结构相关联,内容较为复杂,本书将微观形态的公众参与问题在第五章进行讨论,并将其纳入宏观法治化视野下予以完善。

综上所述,本章论及公众参与检察机关法律监督包括:公诉权、侦查监督权、审判监督权以及执行监督权,下面做分别论述。

第二节　公诉权运行过程中的公众参与

一、公诉权解构

公诉是刑事司法活动的关键环节,承担着犯罪追诉的职能,公诉权是检察机关请求审判机关对犯罪嫌疑人予以定罪判罚的诉讼权力。从本质上看,与世界上大多数国家一样,公诉权是一种司法请求权(有些也称为求刑权)。我国《刑事诉讼法》第 176 条专门规定,人民检察院认为犯罪嫌疑人的犯罪事实已经查清,证据确实、充分,依法应当追究刑事责任的,应当作出起诉决定,按照审判管辖的规定。公诉权是检察机关的专享权力,根本目的在于打击犯罪,维护社会秩序和公共利益。

公诉权有三重属性。首先,公诉权是一种国家公权力,起初由于个人力量弱小,私人追诉容易受到犯罪者的恐吓和威胁,难以起到惩治罪犯的目的,为了维护统治阶级秩序,对犯罪行为进行有效控制,国家积极主动承担起公诉职能,公诉权从私人追诉逐渐发展成为国家追诉。检察权在任何时候代表的只能是国家,而非某个人或社会组织,这使得公诉权与其他公民权利相区分。

其次,公诉权是一种诉权。刑事诉讼中,公诉权是向审判机关请求对犯罪者进行降罪并予以惩罚的活动。根据这一属性特征,公诉权又表现出能动性和独立性特征。能动性是指检察机关积极推进诉讼程序向前发展,不仅表现为提起公诉或不起诉,还表现在对案件证据的补充侦查或指导公安侦查等活动上；独立性是指公诉机关整体对外以及公诉人在办理案件时具有的相对独立性，能够自主地对案件作出判断的特性。近代以来，随着文明的进步和社会治理手段的柔性化，公诉权又被赋予了公益诉讼特征，代表国家追诉侵犯公益的行为成为新时期公诉权的发展方向。

最后，公诉权兼具程序性与实体性处分双重特征。一方面，在诉讼过程中，公诉起着承上启下的权力，对于公安机关来说检察机关对其移送的案件进行审查，对法院来说公诉部门起到启动审判程序的功能；另一方面，检察机关也有实体处分权，集中体现在起诉裁量权，公诉机关有权终结诉讼程序，即不起诉的决定。

公诉权不是单一性权力，而是由一系列权力构成的权力束。张智辉教授考察了世界各个国家检察机关公诉权的基本内容，提出公诉权应包含八个方面[①]：(1)立案决定权，当犯罪行为发生时，应当由具有追诉权力的检察机关行使立案决定权，检察机关这时享有侦查控制权，但侦查指挥权属于警察机关；(2)提起公诉权，基于国家追诉主义，除了应当由公民提起自诉的案件以外都应由检察机关提起公诉；(3)决定不起诉权，在我国表现为法定不起诉、存疑不起诉、相对不起诉三种，是带有自由裁量权性质的诉权种类；(4)出席法庭权力，检察官有权出席法庭支持公诉，参与法庭调查与法庭辩论；(5)变更起诉权，包括修改诉状、变更诉因、撤回诉讼权；(6)上诉权，为了"请求正确适用法律"，可对一审不当判决提起上诉；(7)申请再审权，即对已经生效的判决提起抗诉的权力；(8)监督刑罚执行权，实行公诉权的目的在于刑罚执行，因此监督刑罚执行也是公诉权的内容。

上述八种分类方式基本涵盖了大陆法系与英美法系国家公诉权权能的全部内容，具体到我国检察机关而言，抗诉、再审属于对法院裁判的纠错，是法律监督权能下的审判监督权，刑罚执行监督应当是执行监督属类，至于立案决定权则是对公安机关立案决定权的控制，属于侦查监督权范畴。根据我国刑事诉讼法规定，公诉权包

---

① 张智辉：《公诉权论》，载《中国法学》2006年第6期。

含三类:审查起诉权、提起公诉权、不起诉权。

审查起诉权,是指人民检察院对侦查机关侦查终结的案件进行审查并决定是否提起公诉的权力。检察机关经审查后可提起公诉、决定不起诉、退回公安机关处理或中止审查起诉。

提起公诉权,指人民检察院依法向人民法院提起诉讼,要求对被告定罪判刑的权力。提起公诉是人民检察院的法定职责,包括提起公诉、支持公诉和变更起诉三种形式,变更起诉又包含撤诉、追诉和补充起诉三种情形。

不起诉权,是指人民检察院经审查,认为不应当追究刑事责任或不需要判处刑罚,或经过补充侦查仍无法起诉时,依法终止诉讼进程的权力。不起诉是公诉裁量权的集中体现,类似于法院的自由裁量权。

二、域外公诉权运行中的公众参与制度考察

为了确保公诉权的准确实现,各国都在刑事诉讼法中设立了公众参与制度。在国外,民众参与主要是为了制约公诉权的滥用,如在英国的刑事诉讼程序中,检察官认为警察部门移送的案件证据不充分时,可以退回警察机关或者作出不起诉决定,如果认为主观恶性较小、社会危害性不大,也可以直接作出不起诉决定。德国刑事诉讼法也列举了 11 种不起诉情形。在我国,公诉环节的公众参与同样起到制约公诉权,限制自由裁量权和保证公诉权的作用。下文将从两大法系中选取具有代表性的公众参与制度作为研究对象,分析当前我国公众参与公诉权存在的问题及原因,提出建立具有中国特色的公众参与公诉活动的制度。

(一)美国大陪审团制度

陪审制源于法国诺曼地区,1166 年英国的亨利二世颁布了《克拉灵顿诏令》,规定犯罪必须经由 12 名当地陪审员进行指控才可向法庭提起控告,这是起诉陪审制的起源。1352 年爱德华三世将陪审制区分为起诉陪审制和审判陪审制,前者是由 24 名熟悉案情的人士组成,又称“大陪审团”,后者则是由 12 名陪审员组成,又称“小陪审团”。随着英国对北美殖民地的入侵,将陪审制也带入到

了美国，陪审制在塑造美国民族和民主意识方面起到了重要作用，尤其是在 Zenger 案中，美国人民充分利用陪审制度，反抗殖民当局压迫，捍卫了公民的基本权利。①

美国大陪审团的陪审员一般从当地的选民中随机抽取，按照《联邦刑事程序规则》第 6 条规定，大陪审团必须由 16 至 23 名陪审员组成，除非达到 12 人一致同意的标准，否则不得提起诉讼，在确定陪审员以后还需指定一名首席陪审员（foreperson）主持会议。特别说明的是，大陪审团陪审员的任职门槛较低，只要具有公民身份，符合年龄要求和居住年限均可成为陪审员，无学历、职业、社会地位、种族等限制条件。大陪审团有庭前审查职责，至于有罪与否则由小陪审团决定。大陪审团在对检察机关提供的证据审核之后，如果认为所指控犯罪的证据已经达到"合理证据标准"（probable cause standard），则会发出正式的起诉书，如果认为指控的证据不充分，犯罪嫌疑人将因此被撤销全部指控。与我国人民陪审员或人民监督员制度不同的是，大陪审团中的陪审员有宽泛的调查权，对于检察机关提交审核的证据，大陪审团成员可以询问证人，并要求检察机关补充证据。

（二）日本检察审查会制度

日本检察审查会制度是在美国大陪审团基础上，结合本土司法实践而创制的特色制度，旨在对检察厅的诉讼裁量权进行控制。"二战"以后，日本于 1948 年制定并通过了《检察审查会法》，由普通民众参与公诉权的行使，但是由于审查会决议缺乏强制力，在随后的实施过程中该制度逐渐流于形式。为了强化公民权利对权力的制约，日本于 2004 年对该法案进行了彻底修订，明确了审查决议的具体效力，即检察官经两次审查之后仍然认为需要起诉的，应制作决议书并送至法院，法院受理之后才可聘请律师提起公诉。

虽然经过了近半个世纪的改革，《检察审查会法》并未真正实施，而是在 2009 年 5 月 21 日随同裁判员制度的实施而正式开展。

---

① ［美］伦道夫 · 乔纳凯特：《美国陪审团制度》，屈文生等译，法律出版社 2013 年版，第 27 页。

日本检察审查会制度沿袭了德国的国家追诉主义,并受美国陪审团制度影响,形成了融合两大法系且独具特色的公众参与检察制度。日本检察审查会制度呈现了不同于欧美国家的特色制度,体现在:(1)公众参与程度较高。检察审查会的成员由辖区内具有众议院选举权的11名人员组成,同时还有11名候补审查员备用,正式成员每届任期为6个月。日本学者福赖弘曾对229名审查员做问卷调查,发现全部检察审查会成员认为担任检察审查员的经历是积极的,并有76.1%的成员表示愿意再次担任检察审查员。[①] (2)有效的公众意见反馈机制。在日本刑事诉讼改革中,检察审查会的权限被放大,在检方作出起诉或不起诉决定之前,被害人或被告人均有权将对该决定的异议提交检察审查会,如若检方意见与审查会意见相左,可进行二次审查,二次审查具有强制执行力。(3)对公诉权的有效制约。审查会的二次审查权可以绕开检察机关,由法院指定律师提起公诉,作为一个司法民主机关,检察审查会赋予公众充分的监督权,实践中起到制衡与保权作用。

无论是美国还是日本都将普通公民的参与作为检察权力制衡的重要方式而予以制度化,可谓在"尽心尽力"地推动本土式司法民主制度建设。但是,任何制度都有其不尽完善的一面,大陪审团与检察审查会制度也不例外。大陪审团对公诉权的限制并非如制度设计之初那样有效,其对证据审查不严,审查范围也过分受限于检察官,有批评家指出:"理论上,大陪审团和法官对检察权滥用权力进行限制,但实践中这些权利萎缩了,大陪审团已经完全成为检察官的傀儡。"[②]日本检察审查会同样如此,由于决议缺乏强制力支撑,提交审查会后变更起诉率也十分低下,2002年,80万不起诉案件中只有140起经审查存在问题,最后仅剩50件变更起诉,所占比例微乎其微。[③] 公众参与公诉权运行与一国的政治体制、民众素质、

---

① 陈效:《日本检察审查会制度实施现状评析》,载《人民检察》2014年第7期。

② Robert W. Gordon, *Imprudence and Partisanship: Starr's OIC and the Clinton-Lewinsky Affair* 68 *Fordham*, L. Rev., 1999, p. 639 - 642.

③ 顾永忠、薛峰、张朝霞:《日本近期刑事诉讼法的修改与刑事司法制度的改革——中国政法大学刑事法律中心赴日考察报告》,载《比较法研究》2005年第2期。

制度环境、社会经济等各方面都有关,但司法民主具有共通性,在实现民主的路径上所产生的实践累积是可供我国借鉴的宝贵经验。

三、拟不起诉裁量视角下的公众参与省思

公诉权的自由裁量性质主要体现在不起诉裁量权方面,如何对滥用不起诉权进行限制是公众参与公诉权运行的核心要义。根据我国《刑事诉讼法》的规定,公诉机关在审查起诉时,应当讯问犯罪嫌疑人,可以讯问证人和被害人,并且应慎重考虑这些意见。当决定不起诉时,与案件有关的利害关系人均可提出异议,对检察院拟作出不起诉的案件,被害人如果不服可向上一级检察院申诉,如果上一级检察院继续维持不起诉决定,可直接向人民法院提起诉讼,而被不起诉人如果不服,可直接向人民检察院申诉。除此之外,纵观《刑事诉讼法》以及《人民检察院刑事诉讼规则》,均无对于社会公众参与不起诉监督的规定。即便人民监督员制度涉及了对不起诉的监督,但其所针对的是职务犯罪中的不起诉决定,随着职务犯罪侦查权的转移,这类不起诉监督的根基也随之丧失。

为了弥补不起诉裁量权民主监督缺失的不足,自 2001 年开始,最高人民检察院出台了《人民检察院办理不起诉案件公开审查规则(试行)》(以下简称《公开审查规则(试行)》),规则中指出对于拟作不起诉的案件可以进行公开审查,邀请人大代表、政协委员参加,也可邀请与原件有关的人或专家参加,允许公众旁听,允许记者旁听和采访。随后,全国各地检察部门结合“检务公开”的具体要求,深入探索诉讼案件公开审查制度。如宁夏检察机关在 2010 年检务公开报告中指出,建立了对不起诉、不抗诉案件的答疑说理制度和对重信、重访案件的公开听证制度,明确了公诉、侦监等部门对拟不起诉以及当事人不服不起诉、不抗诉的重信重访案件,实行公开听证和审查,自觉接受当事人监督;河南检察机关在检务公开试点中全面试行释法说理和公开听证答复制度,针对不起诉、不抗诉等终局性处理决定,以及涉检信访风险的案件,主动进行公开听证、公开

答复。①

听证制度引入公诉不起诉环节已然成为公众参与公诉的主要途径，但是通过考察笔者发现，大多数检察机关并未将拟不起诉案件公开审查应用于实践，只是将其作为宣传检务公开的手段，制度设计的良好初衷与检察实践发生脱节。究其原因，大致有以下几方面：首先，运动式改革思维牵扯改革进程。在一些基层检察院中，仍然将不起诉听证作为检务公开活动来应付，而非以诉讼的必要环节要素对待，缺乏公开审查常态化运作的意识。其次，相关立法缺失。"检务公开"更多地是以"决定""意见""通知""规定"等不具备长效确定力的形式确立，在诉讼法以及检察官法等中均无法寻得相关依据，在立法保障缺失的前提下实施不起诉公开审查制度极易造成听证制度的非常态化。再次，制度运行目标的错位。拟不起诉案件公开审查制度设立初衷在于加强社会对公诉权的监督，提高检察民主化程度，但在实际中发现，维稳逐渐成为公开审查的首要目标，所谓公开审查实质上是检察机关运用公权力化解社会矛盾、平息纠纷的手段，而没将其作为民主制度来对待，导致制度运行的变形。最后，没有整体的公开审查制度架构为依托。《公开审查规则(试行)》全文共18条，具有实质性的内容只有适用范围、审查程序以及内容，关于听证员的权利与义务，听证表决形式、听证报告效力、听证员选任及履职保障等均没有具体体现，为实践中公开审查流于形式埋下隐患。拟不起诉公开审查制度已在我国运行近20年，作为"阳光检察"工程的一部分，应在实践的基础上完成法律化和制度化转型，但实际看来却并不尽如人意，公诉权行使过程中很难看到公众参与的身影。如何去除参与的形式化魅惑，建立公众参与公诉权运行的长效机制是当下必须解决的现实问题。

本书认为，在继续完善《公开审查规则(试行)》的基础上，应从三个方面着手予以补充：一是打造检察官与公众利益共同体，在不起诉权中寻求二者的利益契合点。不起诉权是基于裁量起诉主义赋予检察机关的重要权力，对于轻微的犯罪案件经审查可以作出情

---

① 查询自最高人民检察院内部网站。

节轻微不起诉的决定，使犯罪者改过自新，早日回归社会。但是不起诉权常伴随神秘主义倾向，在遭到公众质疑的同时也侵蚀着检察权威，公开透明既是检察权的期待又是公众参与的原始动机，在这个基础上获得公众认同能够更好地维护检察机关的法律监督地位。再者，在司法责任制改革背景下，检察官的办案压力剧增，尤其是在基层公诉部门，让公众参与对拟不起诉案件的办理，是以公众理性补强司法理性的过程，一定程度上缓解了基层的办案压力，提升了诉讼准确率，符合司法改革之预期。二是将公众参与作为拟不起诉案件的考核指标之一。最高人民检察和上级检察院应积极指导下级检察院的拟不起诉公开审查工作，将是否公开审查作为公诉业务年终考核的重要指标项，同时将公开审查报告作为案件评查的必要文书。三是积极推动拟不起诉案件公开审查立法，用法律的形式将制度固定下来，如补充以下内容作为《刑事诉讼法》第 178 条第 2 款："对于拟不起诉的案件，应当公开审查，制作审查报告……"同时明确检察人员的法律责任，对由公众提出的应当公开审查而不公开审查的案件，经查证属实，由检察机关按照相关规定予以惩戒。

第三节　侦查监督中的公众参与

一、侦查监督的厘定

根据《宪法》《人民检察院组织法》等法律，检察机关是我国的法律监督机关，其中侦查监督权是检察机关监督侦查机关的重要职权。关于侦查监督的内涵，学界认识不一，大致有以下三种观点：一种观点认为将侦查监督分为立案监督和侦查活动监督两部分，前者是针对公安机关应当立案而不立案或应当撤案而不撤案的监督形式，后者则属于狭义上对侦查活动的监督；[①]另一种观点认为侦查监督权包含审查逮捕、审查起诉以及对公安机关侦查活动的监督；[②]还

---

① 具有代表性的观点参见龙宗智：《检察制度教程》，法律出版社 2002 年版，第 9 页。

② 刘方：《论检察机关的侦查监督职能及其完善》，载《法学评论》2006 年第 6 期；汤唯、孙季萍：《法律监督论纲》，北京大学出版社 2001 年版，第 412 页。

有一种观点认为侦查监督权不包括审查起诉和审查逮捕，专指行使监督活动的权力。[①] 实践中，侦查监督部门的工作职责包括审查逮捕、立案监督、侦查活动监督三大项，审查起诉并不包括在侦查监督职能范围中，对此，有学者称"立案、起诉作为刑事诉讼中独立的诉讼阶段，包括决定是否立案以及审查起诉以作出是否起诉的决定等活动，是和侦查阶段并列的独立诉讼阶段，而不应属于侦查监督的范畴"。[②] 对侦查监督权认识的偏差主要由于对侦查监督主体和侦查监督方式认识不同所造成。

（一）侦查监督的主体

侦查监督的主体是指享有侦查监督权的机关。域外大多数国家采取的是多元侦查监督主体模式，如在德国，为了制约侦查权，防止羁押、逮捕、监听等涉及限制公民人身自由和人身权利的强制措施，必须由检察官向法院的一名侦查法官提出申请，由侦查法官审核侦查行为的合法性；而美国为了制约侦查权，建立了完备的侦查程序司法审查机制，未经治安法官发布治安令，不得对公民采取限制人身自由等措施。另外，还有些国家通过律师介入制度的方式监督侦查权，如德国就在尝试参与式侦查改革，实质上是以律师介入侦查活动和监督侦查权行使的方式行使侦查监督权。[③] 在我国，立法上采取了一元的侦查监督主体模式，即只赋予检察机关侦查监督权，其他任何机构和个人均无此项权力（只在权利受侵害时享有救济权利）。随着参政意识提升，公众对于参与侦查监督也表现出了强烈愿望。事实上《刑事诉讼法》早对此有所规定，辩护人可以为犯罪嫌疑人提供法律帮助，如申诉控告，提出变更强制措施等，另外，2018 年《刑事诉讼法》的修正还加入了值班律师制度，增强了公权力机关以外主体参与司法的制度建设。虽然法律未有明确明示赋予辩护人侦查监督权，但在为犯罪嫌疑人提供法律帮助的同时不

① 李心鉴：《刑事诉讼构造论》，中国政法大学出版社 1992 年版，第 193 页。

② 刘志远、赵景川：《侦查监督制度的功能定位与重构——兼论侦查程序中被害人的权利保护》，载《法学杂志》2008 年第 6 期。

③ 刘计划：《法国、德国参与式侦查模式改革及其借鉴》，载《法商研究》2006 年第 3 期。

可避免地切实对侦查机关的侦查活动产生了监督效果。为了保障犯罪嫌疑人、被害人的基本权利，应当在侦查过程中赋予律师一定的侦查监督权，通过刑事诉讼权利的发挥强化侦查监督作用。

（二）侦查监督的途径

检察机关行使侦查监督权的方式主要有三种：审查逮捕、立案监督、侦查活动监督。

审查逮捕，是指公安机关在侦查过程中，如果发现犯罪嫌疑人需要逮捕的，必须经人民检察院批准方可执行。检察机关在收到提请批准逮捕书和侦查卷宗以后，应在法定期限内完成对案件的审查和决定，审查逮捕的标准包括：是否有证据证明有犯罪事实，是否可能判处有期徒刑以上刑罚，是否有社会危险性。对符合逮捕条件的应当制作审查逮捕意见书和批准逮捕决定书，送达公安机关执行；若不符合逮捕条件，则制作不批准逮捕决定书，送达公安机关，公安机关收到之后应立即释放犯罪嫌疑人。

立案监督，是指检察机关对公安机关应当立案而未立案或者应当撤案而未撤案的监督。立案监督是《刑事诉讼法》第113条确立的侦查监督内容，该条是针对"一些公安机关应当立案而不立案，群众告状无门，对犯罪打击不力的实际情况而新增加的规定"①，《人民检察院组织法》第21条也做专门规定，人民检察院对诉讼活动进行监督，其中包含了立案监督权，立案侦查监督权是对诉讼程序启动的监督，防止在刑事案件发生时公安机关怠于立案或不应立案而错误立案。

侦查活动监督，是指检察机关对公安机关的侦查活动是否合法进行监督，具体表现为对同一案件未移送的或遗漏的犯罪嫌疑人进行追加逮捕，对侦查活动违法的情况发出检察建议以纠正违法行为等，侦查活动监督具有规制侦查活动合法性与保障人权的双重意义。

---

① 全国人大常委会法制工作委员会刑法室编：《中华人民共和国刑事诉讼法条文说明、立法理由及相关规定》，北京大学出版社2008年版，第242页。

二、侦查监督功能的拓展与深化

检察机关的法律监督权最早源于对警察国家权力过大的限制，通过检察监督警察权行使。一般认为，基于客观公正之义务，检察机关的核心职能在于监督或制约，对于侦查活动的合法性审查当然是侦查监督权的核心。

传统的以个人、国家为中心的治理模式难以承受社会转型的压力，国家治理的对象——人和社会日益复杂化，党的十八届三中全会提出推进国家治理能力和治理体系现代化的要求，会议指出“治理主体要从政府包揽向政府主导、社会共同治理转变”，检察机关作为社会治理中的主要主体，在打击犯罪、护航经济发展、推动社会发展、稳定大局方面有着不可替代的作用。

笔者梳理了近些年全国各个省份检察机关的侦查监督工作报告，发现维护“经济发展和社会发展”成为各个报告的核心主题，如江西省 2016 年将打击破坏社会主义市场经济秩序犯罪作为首要任务，该省积极参与整顿和规范市场经济秩序各类工作，全年共批准逮捕如赣州黑锅投资管理公司非法吸收公众存款等案件中的 1000 余人；山东省结合“供给侧结构改革”，依法保障民营经济和中小微企业发展，取得了良好的社会效果；江苏省通过开展“破坏环境资源和危害食品药品安全犯罪”两个专项立案监督活动，共打击涉嫌生产销售伪劣商品犯罪 240 余人，批捕侵犯知识产权犯罪 70 余人。[①]由此可见，侦查监督职能已经不仅局限于单纯的审查逮捕或对公安机关侦查活动的监督，侦查监督的范围随着改革的深入而持续纵深化发展，向涉及社会、经济和民生等关键领域延伸，赋予了侦查监督权以维护社会稳定、规范市场秩序等新的内涵。另外，通过“两法衔接”[②]信息共享平台建设，加强了与公安机关和行政执法机关的信

---

① 查询自最高检网站。

② 两法衔接是指检察机关连同公安机关、政府执法部门旨在强化“行政执法与刑事司法衔接”，防止以罚代刑、违法渎职犯罪发生，将刑事案件从一般违法案件中分流出来，从而强化司法权监督功效的一种机制，其最早源于国务院于 2001 年 7 月 4 日公布的《行政执法机关移送涉嫌犯罪案件的规定》。

息交换工作,在监督对象上向行政执法机关转移,客观上也拓展了监督范围。

三、侦查监督的制度困境及其成因

侦查监督的制度价值已然不用多言,在保障人权和制约侦查权方面的优势使其成为检察机关法律监督的核心业务部门。但在实践中,侦查监督远远未能达到制度的预期功能,集中表现为侦查监督权制约性不足。具体体现在以下四个方面:

一是过于注重审查逮捕职能,忽视其他侦查监督职能。2000年8月,最高人民检察院将审查批捕厅更名为侦查监督厅,目的是通过名称的改变强化检察机关侦查监督地位。2010年最高人民检察院和公安部针对侦查监督专门制定了四项规范性文件,俗称"四项改革规定"①,其中三项规定共同指向了侦查监督职能。但改革已过去十余年,审查逮捕仍然是检察机关侦查监督部门的主要业务,在考核指标的压力下部分检察机关为了完成考核任务,协同侦查机关人为地"创造"立案监督案件,未能真正地履行侦查监督职能。

二是重事后审查,轻事前介入。审查逮捕的工作模式主要是对公安机关移送提请批准逮捕的案件予以审核,审核的对象是公安机关移送的文书和材料,审核的形式主要是进行书面审查。这种审查模式的滞后性弊端显而易见,检察官审查逮捕的受制性较强,一方面受限于公安机关移送的证据材料,属于"二次审核";另一方面,在缺乏前期介入的情况下,审查思维容易受公安机关侦查思维的左右,难以保证案件审查的独立性。

三是注重实体性监督,忽视程序性监督。刑事诉讼是一个实体与程序并重的过程,随着具体人权研究的深入,刑事诉讼的程序性价值进一步得到彰显,程序正义被奉为衡量"人权保护的晴雨

① 即《关于刑事立案监督有关问题的规定(试行)》《关于侦查活动监督有关问题的规定(试行)》《关于人民检察院对搜查、扣押、冻结等侦查措施进行法律监督的规定(试行)》《关于审查逮捕阶段讯问犯罪嫌疑人的规定(试行)》。

表”[①]。审查逮捕工作的重点审查对象是有无犯罪事实，是否为犯罪嫌疑人所为，由于有罪与否直接关系着是否起诉、是否进行国家赔偿，检察机关往往较为重视，而关于侦查机关的侦查程序是否违法，只要不影响案件在检察环节正常流转，一般不会进行严格追究，加上非法证据排除规则也未对程序瑕疵的证据做严格排除，因此检察机关案件的审查重心一般主要放在实体性问题的处置上。

四是缺乏强有效的监督手段。《诉讼规则》第十三章第二节和第三节专门规定了刑事立案监督与侦查活动监督，但是从该规则的表述中我们可以发现，对于公安机关应当立案或不立案以及侦查活动违法的情形，检察机关除了通知撤案、发送纠正违法通知书以外，没有其他强制性约束方式。假使公安机关对此不予理睬，根据规定检察机关只能求助上级检察机关协商同级公安机关处理。在实践中，基于共同追诉犯罪目的的需要，检察机关更愿意选择“配合”公安机关逮捕犯罪嫌疑人，而不愿与之形成监督与被监督关系。

本书认为，侦查监督权制约性不足的根本原因在于打击犯罪追诉目标指向下缺乏外部力量的有效介入。公安、检察院、法院在刑事诉讼中的关系主要依据《宪法》第 140 条规定，三机关是分工负责、互相配合、互相制约的关系，其中公安机关承担查明犯罪事实的侦查职能，检察机关除了审查起诉职能以外还承担着监督职能，但是监督的目的仍在于确保侦查行为的合法性，保证案件的顺利流转。检察机关与公安机关权力指向具有一致性，都是作为刑事追诉者，“作为追诉职能的行使者，检察机关是不可能超越与生俱来的追诉心理而全面有效地保障人权的”[②]，即使身兼数职，也无法改变检察机关追诉者的角色。共同的目标指向实质上使检察机关潜移默化地倾向于打击犯罪，可能会导致监督职能的弱化。

外部监督介入不足是造成侦查监督权弱化的又一原因。在侦查监督环节缺乏供公众参与的渠道，虽然修改后的《诉讼规则》赋

---

① 锁正杰：《刑事程序价值论：程序正义与人权保障》，载《中国法学》2000 年第 5 期。
② 刘计划：《侦查监督制度的中国模式及其改革》，载《中国法学》2014 年第 1 期。

予了辩护人的异议权[1],但这种仍为检察机关主导的异议权难以对抗检察机关的决策。以辩护人证据调取申请权为例,当辩护人认为侦查机关未调取证明犯罪嫌疑人无罪或罪轻的证据时,可向检察院提出申请,由公诉或侦监部门审查后应当继续调取。该规定对证据是否与案件有关,有关到何种程度却未做说明,因为刑事案件中事实转化为证据需要经历一系列程序,大量的证据在起初并非以法定的证据形式存在,需要持续深入调查、审查、核定才能转化为刑事诉讼法意义上的依据,辩护人本身就在证据调取能力上弱于公权力机关,再对辩护人的申请介入调查权进行限制,不仅使犯罪嫌疑人的权利难以保障,其他案件当事人的利益也无法实现。

四、通过公众参与强化侦查监督力度

单纯的依靠检察体制内部制度的调整强化监督手段已然捉襟见肘(向公安派驻检察室即最好的例证)。从侦查监督权运行现状看来,所谓的审查逮捕听证制度一定程度扭转了侦查监督权弱化的局面,但听证制度的双重功效——民主与监督主要是针对审查逮捕这类诉讼活动,而立案监督、侦查活动监督等专门监督活动却难以适用。通过公众力量,将制度化的人民监督之力转化为检察监督之力,是破除当前侦查监督窘迫局面的可行之道。

现有改革思路无法根本上解决侦查监督的力度问题。经笔者梳理,大致有两种改革方案:一是权利控权方案[2]。相当一部分学者提出侦查监督应以保障人权为中心作出新的制度安排,将人权保障作为审查逮捕、侦查监督的根本目的,如建立严格的非法证据排除规则,推行无罪推定原则等,同时赋予被害人、犯罪嫌疑人控告申诉权或辩护律师的建议权,督促检察机关对侦查活动的合法性进行司

---

① 辩护人的异议权是针对检察机关审查逮捕、侦查监督职权活动提出意见的救济权,例如《人民检察院刑事诉讼规则》第239、262、271条规定了辩护人可以向侦查、审查逮捕、审查起诉部门要求听取意见。

② 代表性观点有,陈卫东、赵恒:《人权保障理念视角下的侦查监督改革》,载《人民检察》2014年第9期;但伟、姜涛:《侦查监督制度研究——兼论检察引导侦查的基本理论问题》,载《中国法学》2003年第2期。

法审查。二是权力控权方案①。有学者认为应给予检察机关更多控制权以丰富监督权能结构,如对侦查机关违法办案的建议权、撤销权、重大侦查措施的批准权等。

可以说两种观点都有合理性,但也都有其局限。权利控权方案提出从人权保障角度构建侦查监督权能体系,加强被害人、犯罪嫌疑人或诉讼参与人的权利,这种思路虽然对上述人员进行了赋权,但赋权以后如何针对侦查权进行限权却缺乏充分的论证,另外,对侦查机关违法行为监督的主体过于狭窄,大多数情况下由于犯罪嫌疑人在侦查期间的受约束性,尚未完全实现自我救济,更难以对侦查机关形成有效监督。同样,被害人也缺少对侦查活动行为的监督途径,侦查环节公安机关的强势主导作用很容易排除上述人员的监督。权力控权本质上是一种授权的思路,即补充侦查监督实质的处置权,但是侦诉审三机关在刑事诉讼中处于平等地位,互相配合与互相制约,单方面地对某一机关扩权容易打破这种平衡架构,造成权力制约的失衡,再者检察机关的法律监督权并非凌驾于侦查权和审判权之上的权力,而是与公诉权一样起到规制和平衡诉讼进程的作用。

本书认为,在对侦查监督诉讼化改造基础之上,应扩大侦查监督的主体,实行多元化监督,并建构符合我国的检察规律侦查监督权,即公众参与侦查监督权制度。具体包括下面三个步骤:

首先,对侦查监督权进行诉讼化改造。长期以来我国刑事侦查奉行检警一体化模式,强调检察机关的“侦查辅助”地位,导致侦检合作呈现诸多弊端,破坏了原有的诉讼结构,违背诉讼正义理论。对侦查监督权进行诉讼化改造主要是由检警一体化模式下侦检主动合作侦查向客观中立的替代式司法审查转变,检察机关侦查监督遵循客观中立义务接受公众(包括刑事案件的参与者)的控告与申诉,对立案、侦查活动、撤案作违法性审查,同时引导公众参与到对侦查活动的监督过程中。侦查监督部门可以对侦查机关实施的强

① 代表性观点有,左卫民、赵开年:《侦查监督制度的考察与反思——一种基于实证的研究》,载《现代法学》2006 年第 6 期;刘方:《论检察机关的侦查监督职能及其完善》,载《法学评论》2006 年第 6 期;于艳丽、杨文:《检察机关对公安派出所监督机制研究》,载《河北法学》2012 年第 4 期。

制措施做出审批、撤销等令状，对于侦查策略可提出建议、意见等。

其次，建立多元化监督模式，扩大监督的主体范围。多元化监督模式是指，侦查监督的主体不再限于一元化的检察机关法律监督，而应扩大到包括当事人、律师、社会公众在内的多元主体。大陆法系国家已经在探索律师参与侦查与监督方式①，如欧美国家赋予律师在侦查讯问环节的在场权，侦查机关在进行讯问、辨认时律师有权在场并监督侦查行为的合法性，日本还赋予了律师对违法逮捕的抗告权。实质上，除了律师以外，其他社会公众对侦查活动中的违法行为也应当基于"正义观念"进行监督，如对重大社会影响类案件侦查合法性提出审查申请，对侵犯社会公益性案件提出介入监督要求等。这种人民监督的价值已不必多言，当前的首要任务是在扩大监督主体范围之前将公众参与监督的范围、方式予以具化。

最后，通过制度化形式对监督主体赋权，加强外部监督力量介入力度。对犯罪嫌疑人和被害人而言，应切实保障其知情权和申诉权，检察机关在收到相关申诉之后应及时介入对侦查活动进行同步审查。对诉讼以外的公众，可以建立检察机关引导侦查活动的公众参与制度，赋予公众相应的知情权与申诉抗辩权。检察机关介入侦查活动是为了保护公民免受违法侦查行为的侵害，检察机关始终是一个客观监督者，公众才是真正的监督主体，因此需要通过引导公众参与监督，以权利制约权力的形式充实侦查行为的合法性。可以尝试建立侦查违法线索移交与办理制度，即利用控告申诉体系，对发现的公安机关违法侦查的线索通过检察机关控申部门转移至侦查监督部门，侦查监督部门进行初核，如确有违法侦查情形发生，应及时组织侦查机关、社会公众等进行侦查合法性审查听证，由公安机关当面回应公众质疑，对侦查活动的合法性进行说明，并制作听证报告，作为侦查终结移送审查的证据使用。作为主导侦查的检察

---

① 刘计划教授在《法国、德国参与式侦查模式改革及其借鉴》中对大陆法系国家参与式侦查进行了详尽的介绍和论证，并结合我国实践，提出律师可以参与讯问、鉴定、勘验检查、扣押等具体模式，可谓是较为系统的公众参与侦查监督的介绍。

机关应密切联系群众,提升公众参与侦查监督的意识,如与打击毒品犯罪一样,树立与违法侦查活动作斗争的信念。需要特别说明的是,基于侦查活动的秘密性与效率考量,应区分律师参与与其他公众参与的不同限度,对涉及国家秘密、商业秘密或个人隐私的案件在严格遵守保密规定的前提下,进一步明确公众违规介入侦查监督的责任。

第四节　审判监督中的公众参与

一、对检察机关审判监督的诘难与反驳

检察机关的审判监督,广义上是指检察机关对一切与审判有关的活动的监督,狭义上的审判监督特指《刑事诉讼法》以及《诉讼规则》所赋予检察机关的监督职能。依照《诉讼规则》,人民检察院的审判监督职能范围包括:(1)对审判活动的监督,主要职责是纠正审判活动中的违法行为,如是否违反回避、审判期限等规定;(2)对判决、裁定的监督,总称检察机关提请抗诉权,指人民检察院认为人民法院作出的判决或裁定有错误的,可依法提起抗诉;(3)其他专门性监督,如死刑复核监督、法院超期羁押监督等。本节所讲的公众参与主要是刑事诉讼中的审判监督。

党的十八届四中全会以来,确立了"以审判为中心"的诉讼体制改方案,转变了长期以来以侦查为主导的诉讼格局,尤其是在诉讼关系结构上,"以审判为中心"要求"侦查、起诉活动应当面向审判、服从审判要求,同时发挥审判在认定事实、适用法律上的决定性作用"①。侦查权的强势地位已不言自明,而检察机关如何重新确立监督地位成为当前检察体制改革的重心。张兆松教授认为,刑事诉讼中检察机关既作为控诉方又作为监督者,这种角色定位是相互冲突与矛盾的②,龙宗智教授也指出检察机关这种"双重身份"使

① 龙宗智:《"以审判为中心"的改革及其限度》,载《中外法学》2015年第4期。

② 张兆松:《论检察机关刑事审判监督角色的转换》,载《学习与探索》2011第6期。

"审判的中心地位以及权威性和独立性能否有效维系,亦不无疑问"①。

在实践中,检察机关的审判监督职能呈现弱势局面,几乎难以见到检察院对审判活动进行监督,表现在两个方面:一是审判活动监督与法院系统内部纪检监督重叠。正如刑法的威慑力在于其刑罚的必止性一样,对审判活动的监督效力需要在发现错误时立即予以纠正。法院的纪检部门有权对法院内部不当履职行为进行处理,从实际运行来看也要比检察机关的审判监督活动更加及时有效。2012 年修订的《人民检察院刑事诉讼规则(试行)》第 580 条规定,"庭审中发现审判人员有违反法定程序行为时,应休庭以后向检察长报告,并在庭审结束后提出"。发现审判活动违法应立即制止,如若放任到庭后解决,就会使庭审活动的违法得不到及时纠正,这也是造成审判监督弱化的原因之一。因此,2019 年《人民检察院刑事诉讼规则》删除了该条规定。二是监督效能低下。从 1998 年到 2009 年,12 年间,检察机关向法院提出纠正违法意见共计 20,924 件,年均 1744 件,对于全国 3000 多个基层法院而言,平均每个检察院年均不足 1 件,法院接受纠正件数为 14,767 件,接受率为 70.57%,对于抗诉案件而言,12 年间共计抗诉 36,221 件,改判 6952 件,改判率为 19.19%。② 从这组数据分析可见,纠正意见以及抗诉的效率较低,审判监督权基本上处于虚置状态。

对于是否应当取消检察机关的审判监督权,笔者持否定态度。在现阶段单凭法院自身的纠错系统无法胜任大量的审判违法,是因为:首先,由于法院自我纠错系统自身的局限性,当前各个基层法院的案件压力较大,人少案多的情况普遍存在③,无法分身对审判活动进行专门监督,自我监督的监督模式难以保证监督的客观与公正,容易引发社会公众的猜疑而损害裁判权威。检察院作为宪法和法

---

① 龙宗智:《"以审判为中心"的改革及其限度》,载《中外法学》2015 年第 4 期。

② 数据来源《中国法律年鉴》。

③ 笔者考察了郑州市经开区人民法院的办案数量,截至 2017 年 11 月,该院共计受理各类案件 46,466 件,结案 30,631 件,未结案件 15,835 件,全院共有 33 名员额法官,人均受理案件数 1408 件,平均每天要受理近 4 起案件。

律授权的专门法律监督机关,监督审判机关严格执行法律是其职责的重要方面,具有较强的专业性,且由于其直接参与审判活动,因而更容易发现审判活动违法。其次,检察机关的审判监督与诉讼活动均是为了确保审判的公正性而设置。纠正违法是每一个诉讼主体都应当履行的义务,检察官作为审判活动的参与者更应当自觉承担监督职责,维护裁判权威,称检察官的监督角色使其成为"法官之上的法官",片面扩大了检察机关法律监督职权范围,将西方控辩式庭审结构机械地运用于我国审判实践之中。法律监督的实践内涵十分丰富,在诉讼中它强调对错误的纠正,与法院的自我纠错本质上属于同种性质,二者在目标指向上具有一致性——裁判结果的客观公正,不过只是在实现路径上有所差别。再次,检察机关的审判监督权与诉讼权理论上是相通的,我国的检察机关并非如西方国家一样是单纯违法犯罪的追诉者,称之为诉讼正义的守护者更为合适。《刑事诉讼法》规定了检察机关在审查起诉时全面收集证据的原则,既包括有罪无罪证据,又包括罪重罪轻证据,尤其强调对犯罪嫌疑人的基本权利保障。公诉人在庭审过程中如若发现法院未对相关证据进行全面审查,与辩护人一样有权提出异议,这种异议权具有诉讼和监督双重性质。最后,在我国现有政治体制下审判难以做到完全中立,检察机关在审判活动中充当了裁判权威的维护者,使法院在作出裁判时尽可能免受其他因素影响,忽略了这个实践背景空谈审判监督的不合理性只能是理想主义论调。

因此,在坚持检察机关法律监督地位不动摇的前提下,首要任务是进一步规范监督权的行使方式以及对监督行为的诉讼化改造,加强对审判监督权的制约功能,而非取消或弱化检察机关的审判监督权。可以预见,在我国的司法语境下,缺乏审判监督的审判程序必将面临着严峻的审判公正性拷问。

二、公众参与审判监督的视角切入

(一)公众参与审判监督的必要性

谢安平教授指出刑事诉讼公正必须符合五个标准:当事人的参与性、控辩双方的对等性、法官的中立性、刑事诉讼程序的透明性、刑事诉讼结果的展示性。[①] 在打造“阳光司法”要求下,参与性不仅是对当事人的要求,更是社会公众的迫切需求。

规范检察机关的审判监督权,使其严格按照授权逻辑运行,仅依靠权力内部结构的调整已远远不够,改变现有的诉讼架构需要充分的合宪性论证,影响范围较大、耗时较长。为了维护政治结构的稳定性,不宜对现有诉讼架构做重新调整,但从人民监督的角度出发构建公众参与审判监督模式更为实际,也符合权力监督的正当性要求。

权利不仅是权力的来源,还构成了权力行使的界限。刑事司法领域内,检察机关的审判监督权源于人民,那么必然体现人民意志,理应对人民负责和接受人民监督。检视我国的审判监督程序,除了涉及被害人、被告人救济性的控告申诉权以外几乎没有公众参与的身影,勿用说参与监督了。

审判监督的本质在于纠错,所谓“错”既包括已经发现的错误,又包括对可能发生错误的预防。审判监督的弱化最终体现在错案形成上,有学者结合历史与现实对错案发生的原因做了系统研究,发现错案被“持续不断的申诉”和“逆转性事实的出现”是影响错案发展走向的主要原因[②],由于一般刑事案件都要经过侦诉审三道程序,错案的形成与三个机关有着密切关系,案件越复杂,其牵涉的利益越多,纠正起来难度也就越大。因此,仅有国家权力之间的互动,缺乏公众监督力量的介入不利于案件的公正审理。

对于冤假错案的纠正,公众起到了至关重要的作用。从呼格吉勒图案和陈世江案中我们发现,当事者持续不断的申诉是翻案的重要诱因。许多情况下,被告人和被害人由于个人能力受限,难以启动纠错程序,只有当其家属不断申诉并获得新闻媒体或领导关注时,案件才有可能获得重审机会。若纠错条件及渠道被过度限制,公众参与纠错的机制将会处于失灵状态。

---

① 谢安平:《半纯粹刑事诉讼程序公正的内涵——兼论修改我国刑事诉讼法的原则》,载《政法论坛》2011 年第 4 期。

② 闫文博:《错案难翻:司法纠错的历史经验与逻辑》,载《河北法学》2017 年第 12 期。

建立公众参与审判监督制度为强化错案纠错机制提供了途径。首先，冤假错案直接影响着社会公众对正义的需求，与其在事后引发公众舆论声讨，不如建立公众事前介入监督渠道；其次，公众作为第三方介入审判监督更能够彰显审判公正，或许比裁判文书说理、案件信息公开等更具有说服力；最后，公众参与对于维护社会稳定，化解社会矛盾，疏导公众情绪起到“泄压阀”的作用，检察机关通过制度设计让公众提前介入到可能引发社会矛盾的案件中，达到强化监督与法治教育的双重目的。

（二）公众参与审判监督的具体思路

党的十八届四中全会提出“落实终审和诉讼终结制度、实行诉访分离、保障当事人依法行使申诉权利”的改革方案，将构建公众参与申诉制度作为检察机关审判监督的切入点符合中央精神。结合上述论述，笔者建议可建立刑事申诉复查制度吸收公众参与审判监督。

为了预防和纠正冤假错案，世界上各个国家对此均作出了努力。如美国于2002年在检察官制度内设立了一个由检察官、律师等共同组成的“定罪保全机构”（Conviction Integrity Unit），该机构的职责是发现和查明定罪后无罪申诉的情况，到2015年年底，共计复查了7000余起案件，成功纠正了151起错案。定罪保全机构具有相对独立性，它唯一的职责是对无罪申诉案件进行调查后，向当地检察官提出建议，由检察官决定是否撤回定罪，其主要工作流程是：根据特定的受理标准对申诉案件筛查，对筛查后的案件进行更为深入的调查，将调查结果移送给检察官，如果检察官认为确实无罪，旋即向法院发出无罪释放的建议。另外，在美国还建立了“无罪计划”（The Innocence Project），该计划是非营利性质的，主要职能是免除法院错判，并使用DNA检测和改革美国的刑事司法系统，以防止未来的不公平。无罪项目由Barry Scheck和Peter Neufeld于1992年创立，该项目已将351名被定罪的人员通过检测无罪释放。[①]

---

① See Wikipedia, *Innocence Project*, https://en.wikipedia.org/wiki/Innocence_Project，最后访问日期：2018年1月30日。

早期英国也面临着错案丛生的问题，在民众的呼声下英国国会于1995年通过《刑事上诉法》，成立了刑事案件复查委员会（Criminal Cases Review Commission，CCRC），对抑制错案起到关键作用。根据规定，刑事案件复查委员会应由14名人员组成，其中4人必须是专职委员，整个委员会有近80名来自社会各界的工作人员。CCRC有指挥警察调查力量协助其调查的权力，即所谓的调查取证权，经调查如果发现案件需要上诉，经3名委员一致同意将案件提交至刑事上诉法院。[①] 该委员会在2005年至2006年一年就审查了1012起案件，并将其中的46起案件提交上诉法院，32起案件得到改判或撤销原判。[②] 通过上述两种刑事复查委员会制度我们发现，由一个中立的机构独立审查刑事申诉案件对于冤假错案的防范起着良好推动作用，这个机构必须具备两个特征：一是独立性或相对独立性，拥有一定的调查权和处置权，所作出的决议与案件的再审有相关性；二是这个机构应当由社会各界人士组成，不仅限于检察机关或法院人员。

就我国而言，单纯由民众组成刑事复查机构并不符合现实，但是在检察机关内部分立出相对独立的刑事复查委员或许会是一条改革的捷径，况且检察机关在程序运作上具有优势。首先，检察机关作为法律监督机关有宪法与法律赋予的审判监督权，具备法律上的正当性；其次，检察机关有着完备的刑事复查体系架构，如控告申诉、民事行政监督、公诉等机构运作已相当成熟；最后，检察权有着相对独立性，有利于排除外界干扰作出公正决策。何家弘教授对此有过细致的构想，他认为，可将刑事案件再审启动权单独赋予检察机关，在控申部门内部设立“申诉案件复查委员会”，由30名到60名社会各界代表担任兼职复查员，对重大复杂或可能错误的判决、

---

① 参见钱兆宁：《英国刑事案件审查委员会再审审查程序研究》，苏州大学2014年硕士学位论文，第31～37页。

② 于雪飞：《英国刑事错案的预防与救济：不断接近正义》，载《人民法院报》2013年5月24日，第5版。

裁定进行复查,复查决定可直接启动法院的再审程序。[①] 刑事申诉复查制度作为公众参与检察监督的特定形式与检察机关原有制度相融合需要制定一系列规定为支撑,例如制定复查委员会组成人员选拔规则、工作运行机制、后勤保障规定等,同时需要对委员会委员的权利与义务作明确说明,赋予其一定的调查权,从而形成申诉案件启动与调查环节的明确授权。

第五节　刑事执行监督中的公众参与

一、公众参与刑事执行监督的必要性

刑罚执行是贯彻刑罚必定原则的重要程序,也是侦查、起诉、审判等司法活动的落脚点,如果法院裁判最终无法执行或执行不到位,将会大大折损司法权威,同时也对社会的和谐稳定产生严重冲击。为了保障刑罚权的实现,我国法律规定检察机关有权对刑罚执行进行监督。

我国《刑事诉讼法》规定,人民法院、公安机关、监狱和社区矫正部门是刑罚执行机关,检察机关有权对上述执行机关的执行刑罚活动予以监督,《诉讼规则》将这一监督具体化为刑事判决、裁定执行监督,减刑、假释及监外执行监督,强制医疗监督,社区矫正监督。长期以来,相对于侦查监督、审判监督而言,执行监督常常被忽视,其原因是多方面的。

(一)"重惩罚、轻保障"的执行理念

传统的法学理论认为我国司法体制有时会存在重打击犯罪、轻保障人权的现象,尤其是受计划经济影响,为了维护社会主义政治经济健康稳定发展,司法承担了大量的打击犯罪的任务,司法办案入罪的思维依然改变缓慢。检察机关在刑罚执行监督上有时会忽视对执行机关的制约和注重相互间的配合,以至于其有成为执行机关的"保护伞"之嫌。

---

① 何家弘、刘译矾:《刑事错案申诉再审制度实证研究》,载《国家检察官学院学报》2015 年第 6 期。

(二)缺乏有效的监督手段

《刑事诉讼法》修改以前,检察机关如若发现对于减刑假释的裁定错误,可以直接提起抗诉,启动审判监督程序,但是2012年《刑事诉讼法》修改以后,这种抗诉权被取消了,取而代之的是提出纠正意见,2018年《刑事诉讼法》修改后依然沿用了该监督手段,这种建议性质的制约手段削弱了检察机关执行监督的力度。再者,所谓纠正意见基本上均发生在违法执行行为发生以后,如有些犯人经减刑已经出狱,无法再对其实施监督。

(三)立法冲突

我国《监狱法》第26条规定,对于监外执行的罪犯由监狱拟制意见报送批准机关并抄送人民检察院,检察院认为监外执行不当的应将意见报送批准机关予以重新审核,但对于如何审核以及审核标准,法条并未明确,《诉讼规则》虽然规定了对监外执行的监督内容,其也未说明如若与批准机关审核意见冲突后的应对措施,作为下位法,《诉讼规则》的效力远远不如《监狱法》,实践中原批准机关忽视检察机关纠正意见的情形时有发生。

(四)由于人力资源限制,难以对社区矫正等执行形成有效监督

检察机关的刑事执行部门承担着诸如减刑假释审核、羁押必要性审查、财产刑监督、在押人员权利保障等职责,大量的工作负荷量下,人力资源短缺的弊端凸显,全国3300个驻监、驻所部门平均每个派驻机构只有2.5名检察人员,社区矫正是将罪犯放归社会矫正的刑事措施,由于缺乏人身自由限制,加大了执行监督的难度,不可避免地会引起了人们对监督效度的质疑。

监督手段的羸弱限制了刑事执行监督权的运行,也造就了封闭化的刑事执行案件办理流程。强化刑事执行监督效能,除了完善立法、纠正观念以外,更应当吸收公众等社会力量加入执行监督权中。公众参与刑事执行监督不仅能够强化检察监督权,还能够"化解公

众对检察机关单方调查的信任危机”①,具体来说,其必要性体现在:首先,增强执行监督的透明度,有效防范监督者与被监督者“同质化”。“同质化”是我国权力监督系统普遍存在的不正常现象,公众作为外部监督者介入能够帮助划清执行者与执行监督者的权力界线。以“躲猫猫”事件为例,事件发生后由公众组成的调查委员会介入调查时受到警方与检方的一致抵触,以国家机密为由拒绝了该调查委员会查看看守所摄像头和询问当事人的要求,恰如学者所言:“与被制造的民意、被误读的权利相比,网络中的另一种民意却没有获得有效的回应和应有的重视。”②其次,提升监督手段的强度。公众参与监督的必要性前文已述,但是公众监督必须配合相应的制度,与检察机关的执行监督有机结合,才能令两种监督方式真正融合并凝聚成合力。最后,缓解监外执行监督力量不足的局面,在社区矫正监督中扩大公众参与程度,改变社区矫正一元化监督方式,既能起到促进犯罪人改造的作用,又能节省司法资源,补充检察机关执行监督资源短缺的局面。

可喜的是,2017 年 11 月 23 日全国减刑假释信息化办案平台正式开通运行,该系统将执行机关提出减刑假释建议、检察院审查监督建议、法院审理作出裁判的全过程纳入网络,使全程留痕。最为关键的是,该系统可以通过互联网全程直播庭审过程,提升减刑假释案件公开化水平。案件信息公开是执行监督迈向民主参与的第一步,但是我们也应认识到,信息公开无法真正显示出减刑假释中的违规违法问题,公众所看到的只是表面,对于案件背后的实际运作程序仍无法深入接触,这也是本书强调公众实质性参与的原因之一。

二、公众参与刑事执行监督的路径探索

刑罚的执行分为监禁刑与非监禁刑两种,相对应的执行监督也

---

① 高一飞、曾静:《我国派驻监狱检察制度改革的观察与反思》,载《时代法学》2017年第6期。

② 王启梁:《网络时代的民意与法律应有之品性——从“躲猫猫”事件切入》,载《法商研究》2009年第4期。

应分为监禁刑与非监禁刑，不同类型的监督所适应公众参与的模式也不同，为了论述周延，笔者将对这两种公众参与执行监督作分别论述。

（一）监禁刑执行监督公众参与：人民巡视员

监禁刑是对犯罪人予以关押执行的刑罚种类，在我国监禁刑有无期徒刑、有期徒刑、拘役，监禁的场所一般是看守所和监狱。与非监禁刑相比，监禁刑的执行措施要更为严厉，给犯罪人带来的痛苦也更加强烈。犯罪人长期处于被看管的状态，具有封闭性特征，属于权力执行关系中的弱势群体，因此需要相对严格的权利保障措施。检察机关的刑事执行监督虽然致力于监督刑罚执行的活动，但监督力量的薄弱和公权力之间的相互“认同”加大了监督的难度，而公众监督是民主监督最直接的途径，却也缺乏相应的强制力为后盾，监督实效也难以实现。将刑事执行监督与公众监督相结合，既能弥补检察监督的民主性缺失，又能强化公众监督力量，可谓是一举两得。

在检察监督下建立针对监所执行监督的人民巡视员制度，有两种方案可供参考：一是在人民监督员内部单列部分针对监所执行的人民巡视员，在检察机关引导下定期对监狱执行进行巡视，通过与犯人座谈、审核变更执行资料、查阅卷宗等方式对可能出现的违法执行活动予以监督，发现问题后应制作巡视报告，作为检察机关执行监督的重要参考，并督促其行使监督权；二是在人民监督员之外，建立由各界代表组成的人民巡视员制度，赋予相应的调查权，在不涉及国家秘密的前提下，随机抽选在押人员进行访谈，当场作出巡视报告，将所调查出的问题及时交由检察机关处理，检察机关在收到巡视报告之日起一定期限内对巡视组予以回复。巡视员还可对拟作出减刑、假释和保外就医的案件作出公众意见审查，对拟定机关发出质询，必要时可发起减刑假释公开听证要求。通过人民巡视员制度强化对刑事执行案件的监督，使减刑假释案件办理公开化透明化。

（二）非监禁刑执行监督公众参与：人身危险评估

人身危险评估是在风险社会下化解非监禁刑社会危险的有效

措施之一。监外执行是利用社会改造罪犯的一种方式,一方面节约司法成本,帮助犯罪者重新融入社会;另一方面,通过国家对社会风险的再分配,令社会公众积极参与到对罪犯的改造中使预防犯罪从被动变为主动。但是也应清醒地认识到,“缓刑、假释将一部分尚未彻底改造好的犯罪人放到社会接受社会的改造,无疑增加了社会公众的风险”①。《刑法修正案(八)》将“没有再犯危险性”作为减刑和假释执行条件的核心要件,但是由于缺乏科学的人身危险评估,故而造成实践中滥用减刑假释裁定权的现象频发,在损害司法权威的同时也对良好的社会秩序产生威胁。对于非监禁刑的罪犯引入人身危险评估是应对上述风险的可行之法。

首先,建立人身危险性评估量表。有关国家与地区的理论与实务界早开始已着手研究量表式评估方法。如美国学者伯吉斯(Burgess)教授在1928年开始就投入到再犯预测研究并首创了再犯预测量表,伯吉斯对伊利诺伊州三个矫正机构所假释的3000名罪犯进行释后研究,选出21个预测因子,并将每个因子赋值,根据数值大小制成假释成败关联表。量表法测定再犯危险大小是法律技术使用上的一个重大突破,使人格第一次能够以“量”的形式表现出来。② 我国台湾地区的林明杰教授以及张甘妹教授也在人身危险评估领域作出了巨大贡献,如建立了性犯罪静态再犯危险评估量表、“六因子”和“八因子”预测表等。上述量化式评价方案对我国刑罚执行实践具有较大启发价值,为此可以尝试根据我国实践,针对非监禁刑罪犯特征,建立符合我国刑罚执行实践的人身危险性评估量表,作为对非监禁刑考察的重要媒介。

其次,规范公众参与评估的渠道。在非监禁刑执行决定作出前,可由社区矫正机构及其工作人员对拟作社区矫正的犯罪人进行人身危险性评估量表测试,对于不符合社区矫正的人员应提请检察机关重新对减刑假释裁定进行监督。在执行过程中,社区矫正机构

---

① 王孟嘉:《风险社会下的再犯危险评估研究》,河南大学2013年硕士学位论文,第6页。

② 关于再犯危险性评估及量表介绍及应用,参见王孟嘉:《风险社会下的再犯危险评估研究》,河南大学2013年硕士学位论文,第21~27页。

应及时跟进监督，不定期对犯罪人进行违法行为调查、身心鉴定调查等，注意吸纳社区公众人员参与调查程序。执行完毕以后，形成社区调查评估报告，作为裁定原刑罚消灭的参考依据。

最后，获得人员与机构支持。量表的使用具有专业性，必须由熟悉量表设计的专业人员对量表进行填写、使用、统计，除了检察机关工作人员、社区服务人员以外，还应由部分心理学、社会学等专业的专家参与指导评估工作，可根据各地区情况成立专门的非监禁刑执行监督委员会，对地区内实行社区矫正的罪犯进行评估。

第五章　公众参与检察机关法律监督的法治化构思

党的十九大报告提出,“全面推进依法治国总目标是建设中国特色社会主义法治体系、建设社会主义法治国家”,公众参与检察机关法律监督作为人民有序参与政治的重要方面,必然需要沿着法治的轨道运行。本章将从实施路径、配套保障两方面对实现公众参与法律监督法治化提出构想方案,并在社会治理领域试图将信访纳入检察机关法律监督权视野下,实现信访的法治化发展。

第一节　公众参与检察机关法律监督的实施路径法治化

一、推动公众参与的法制建设

通过立法推动某一领域的变革通常被认为是一种有效的途径,立法的优势在于能够以法律的形式将变革中的制度稳定下来,以规范化的形式保障制度的顺利实施。因此,过去大多数学者在探索某种制度的结论性意见就是通过立法确认,“通过立法途径来推动法律制度的变革,这在一个社会处于重大转型时期往往是最为人们青睐的,也是当政者为重建社会秩序所不得不采取的一条变革方式”[①],立法者或许可以通过立法推动制度的发展,但是却无法通过立法“宣告”制度的成功。简言之,法律的制定并不意味着法律的成功实施。那么立法的功效又从何体现?

“试行先行”的立法模式试图回答这一问题。吴汉东教授认为,“试行先行”的立法模式是统筹“立法先行”与“试错先行”的最优选择[②],他提出,前者是通过立法的形式适应社会变革,后者是借助于实践对立法实效进行检验。公众参与检察机关法律监督是一项创新性、探索性的工程,在立法和实践方面已经积累了丰富的经验。如最高人民检察院在 2012 年、2013 年就已经制定出了《人民检察院刑事申诉案件公开审查程序规定》《人民检察院民事诉讼监督规则(试行)》,其中明确规定在申诉和民事诉讼监督两类案件中实行检察听证制度,全国各地检察机关也在各自辖区内积极探索公众参与有关制度,制定了相应的办法。如福建省长泰县检察院出台的《审查逮捕案件公开听证实施办法(试行)》、江苏省镇江市丹徒区检察院制定的《关于对审查逮捕案件实施公开听证的办法(试行)》。根据试行方案,各地也开启了公众参与检察的制度与机制建设。

大量的实践经验将公众参与检察推向立法的前沿阵地,尤其是在“依法推动公众有序参与司法”的背景下,公众参与检察机关法律监督的系统性立法条件已成熟,至少,现有相关规定与实践脱节且实难满足公众全面参与的需求。无论是审查逮捕听证还是申诉听证,其只局限于逮捕和申诉环节,对其他监督权的参与尚未出台具体“试行办法”。公众参与具有监督与民主双重功效,所谓公开听证主要是对检察职权本身的民主性监督,至于审判监督、执行监督却难以触及,这在一定程度上限制了公众参与的广度和深度。在经历了 1979 年大规模立法和 2009 年的“包裹清理”运动之后,学界

---

① 陈瑞华:《制度变革中的立法推动主义——以律师法实施问题为范例的分析》,载《政法论坛》2010 年第 1 期。

② 吴汉东、汪锋、张忠民:《“先行先试”立法模式及其实践——以“武汉城市圈”“两型”社会建设立法为中心》,载《法商研究》2009 年第 1 期。

对立法表露出“惶恐”和“审慎”的态度。而随着立法技术的革新和人的理性发展,在遵循立法规律的前提下可以尝试进行“粗线条”式的公众参与立法,为基层检察机关探索创新相关制度提供方向性指引。

检索整个公众参与检察的规范性文件,最高人民检察院于2015年2月28日印发的《关于全面推进检务公开工作的意见》可谓是统领性文件,它总结了全国各地检察机关的探索经验,从总体要求、公开内容、公开方式方法、机制建设、组织保障方面对公众参与检察做了全局性规划,在整个规范性文件中起到“小宪法”之作用,为下一步制定公众参与检察机关法律监督办法奠定基础。本书认为,在此基础之上的改革可参考两种思路:

其一,建构科学的立法模型,为系统立法提供技术支撑。立法是具有很强的专业性和程序性活动,立法的质量与经立法技术建立的立法模型有密切关系。立法学代表人物温特根斯从自由中将立法模型分为六个阶段①,即查明事实、形成问题、手段权衡、预期评估、反思、修改,但这六阶段模型之间并未有明确界分,如预期评估可出现在前三个任何阶段,这种模型涵盖了立法的全过程,同时也将立法环境、时间等因素注入到立法过程,具有很强的实践应用价值。针对公众参与而言,问题的核心不在于立法的形式和手段,政治需求则是衡量其是否立法或采用何种立法形式的关键,如若在政治层面获得一致认同,立法进程进度或将大大缩短。立法是兼具政治性和法律性的活动,完整的立法模型需要充分尊重政治考量,为法律制定提供动力来源。

其二,自上而下与自下而上式立法改革相统一。在我国,基层检察机关对中国法律制度有着深切体会,对现行法律制度所存在的局限也更为了解,在实践需求层面的认识和实践能够丰富立法的实际可行性,如当前试行的轻微案件快速办理制度、刑事和解制度等,都是在基层实践基础上提炼而成的具有普适性法律制度。相比之

---

① 姜孝贤、宋方青:《立法方法论探析》,载《厦门大学学报(哲学社会科学版)》2016年第3期。

下，立法机关自上而下推行的改革进程带有一定理想成分，使其在基层推广时遇到了阻力。“法律的生命在于经验而非逻辑”，公众参与检察立法想要得到有效实施，一方面要获得公众普遍认同，另一方面是具备现实可行性，能够解决公众参与的问题。应该承认自上而下式的立法改革有助于把控全局，但公众参与本身就是个实践活动，法制化后仍将适用于实践，上层立法应在深入研究的基础上制定详尽的针对性改革方案。

二、严格遵循法律授权的模式

“重大改革必须于法有据”早已成为学界共识。公众参与检察机关法律监督虽然称不上“重大改革”，但从“之后跟进的中央和地方近150份文件的文字内容看，‘重大改革于法有据’似乎并不直接指向宪制改革，因为这里所谓的‘法’基本是次宪法层面的法律、法规和规章”[①]。因此，公众参与检察这项制度改革也必须于法有据并严格依照法律授权进行改革。

2016年12月25日第十二届全国人大常委会第二十五次会议通过了《全国人民代表大会常务委员会关于在北京市、山西省、浙江省开展国家监察体制改革试点工作的决定》（以下简称《试点决定》），实际上是对原有政治体制的重新安排，其必然受到合宪性质疑，有学者就对人大常委会作为授权主体提出看法：“由全国人大授权展开这项改革试点，在宪法学上有合理的解释空间，若由全国人大常委会授权则缺乏合理的解释空间。”[②]人大常委会无权对创设国家监察委员会做决定，《试点决定》已然超过授权范围。

也有反对者认为，此前全国人大常委会已经作出了多个试点授权，如《关于授权最高人民检察院在部分地区开展公益诉讼试点工作的决定》（以下简称《公益诉讼试点决定》）、《关于授权最高人民法院、最高人民检察院在部分地区开展刑事案件认罪认罚从宽制度

---

① 沈岿：《论宪制改革试验的授权主体——以监察体制改革试点为分析样本》，载《当代法学》2017年第4期。

② 童之伟：《将监察体制改革全程纳入法治轨道之方略》，载《法学》2016年第12期。

试点工作的决定》和《关于在北京、上海、广州设立知识产权法院的决定》等,但是《宪法》第 67 条的授权范围并不包括对权力结构的改变,全国人大与其常委会有各自不同的授权范围,在全国人大闭会期间人大常委会只能行使人大赋予的部分权力,而非全部权力。如果说《试点决定》缺乏正当授权逻辑或许能够获得辩解,那么 2017 年 11 月 4 日全国人大常委会通过的《在全国各地推行国家监察体制改革试点工作的决定》就难以通过《宪法》第 67 条第 1 项的宪法解释权获得宪法上的正当性。

与监察体制改革不同的是,公众参与检察监督并不涉及与宪法有关的政治制度、经济制度、基本法律的创设和修改,它本质上是将宪法上公民的基本权利予以具体化和制度化,是扩大社会主义民主政治的具体形式,符合宪法的基本规范,因此不涉及宪法的修改变动。在具体的授权方法上,可参考《公益诉讼试点决定》的授权方式由全国人大常委会进行授权,在授权试点结束后对相关的法律做出修改,是一种可行路径。

据此,可从三方面入手:一是取得全国人大常委会授权。最高人民检察院在公诉、侦查监督、审判监督、执行监督领域开展试点工作,并确定授权试点的省份,确立有序参与等原则,规定授权期限。二是授权期间。根据不同省份制定不同的具体试点方案,对四项法律监督权能任务分解到试点省份,以检验方案的可行性,不定期向人大常委会汇报试点情况。三是试点结束后,根据试点情况总结经验,对《刑事诉讼法》《民事诉讼法》《检察官法》等相关法律做相应调整。

三、公众参与的正当程序保障

(一)正当程序的含义及功能

所谓正当程序,又称正当法律程序,源自于亚里士多德对正义的分类。亚氏认为自然公正是以人类固有的自然本性之生命发展原理而形成的实质正义,要求人类追求善,为了实现社会福利成立各种社会制度。公元 1355 年,爱德华三世颁布的《伦敦自由律》第 3 条正式出现了该用语:任何人不分身份和地位,非经正当法律程序，不得予以流放。正当程序于1791年在美国宪法中正式成为实证法意义上保障人民基本权利的基本规则。[①] 由于已有大量正当程序在法律实践上被证明是有效的，无数学者也对该理论提出了许多富有启发性的观点，无论正当程序在哪个领域适用，都无法脱离"自然正义"原则赋予程序正当性的核心含义，即程序对实践者产生的社会主体意义。在公众参与语境下，正当程序是指权力在可能影响公民权利时，应当依据法定程序，听取公众意见。

正当程序具有权利保障的功能。正当法律程序下人民不再是权力行使的客体，而是作为主体在适当时机参与到与自己权利有关的政治决策中。我国宪法上诸如公民的平等权、生命权、社会经济权利都由正当程序转化为具体利益。在司法裁判领域，当刑法、刑诉法对自由裁量权控制不足时，这种正当程序的保障优势更为明显。程序性保障与实体性结果都是人们寻求的正义，缺乏正当程序规制的权利保障难以构成完整意义上的人权保障。

正当程序具有权力控制功能。任何权力都应当按照法定的方法、顺序、时限、规律运行，这是法治社会的根本要求。20世纪晚期"新宪政论"者提出了"程序控权"主张，如西奥多·洛伊(Theodore Lowi)认为，每个代议制政府进行的权力授予是个程序问题，接受者与授权者之间关系变化也是个程序问题。[②] 权力是否符合正当程序直接关乎着权力运行的效果，程序化程度越高，其发挥出的效能也越大，越能被公众所接受。在公众参与检察活动中，公众与检察机关在主体地位上并不平等，公众相对于检察机关而言处于弱势地位，检察机关作为权力主导者可以轻易地影响公众参与，通过程序规范检察机关的施权行为，是公众参与的强力后盾。

需要说明的是，并非所有公众都能按照正正程序要求参与司法，实践中公众围堵法院大门等滥用参与权的事件也偶有发生。正当程序具有规制公众不当参与行为的作用，公众参与检察机关法律

---

① 史庆璞：《美国宪法理论与实务》，台北，三民书局2007年版，第251页。

② ［美］斯蒂芬·L.埃尔金等编：《新宪政论》，周叶谦译，生活·读书·新知三联书店1997年版，第181页。

监督不可任意为之，也需要契合正当程序，在法律允许的范围内，依照法定程序参与到检察监督活动中去。

（二）正当程序的实践运用思考

现行法律体系中，虽然有《刑事诉讼法》《人民检察院组织法》《诉讼规则》等专门的程序性规范性文件，但是其间均无公众参与的相关规定，只有2012年1月10日最高人民检察院内部印发的《人民检察院刑事申诉案件公开审查程序规定》以及2014年6月20日检委会审议通过的《人民检察院案件信息公开工作规定（试行）》两部文件涉及公众参与的程序性设计。不言自明，公众参与需要程序性保障，很多基层检察院业已试图通过建立内部规章的方式弥补程序性的缺失，由于缺乏立法层面统一的公众参与程序，各基层检察机关的公众参与实践很容易发生变形，走向形式主义。为避免这种形式化趋势，应尽快制定统一的公众参与程序办法。

作为改革设计的重要原则，要对正当程序的评判标准进行充分论证，以求避免法律或制度本身的理想化。本书认为，对正当程序的评判标准有二：一是是否合乎检察权运作规律①，二是能否满足公众参与检察的期待。

首先，必须合乎检察权运行规律评价。所谓规律，是事物发展变化的内在必然联系，检察权运行规律是指决定检察权运行内部各要素之间的必然联系。正当程序必须顺应检察权运行规律，具体来说，就是要符合检察权运行的独立性、能动性和检察一体原则。正当程序是建立在依法独立行使检察权的基础之上的程序。公众参与检察的正当程序要求参与人员遵守保密义务，不得干预检察机关正常的工作秩序，严格按照法定程序发表意见和提出异议，禁止滥用表达权和监督权，作为检察机关应严格遵守法律法规，吸收公众意见中的合理成分，剔除不合理成分，以理性思维对待审查案件。正当程序还要体现司法的能动性。能动性是检察权参与社会治理的行动特征，正当程序下的能动性要求检察机关发挥能动作用，依

---

① 此处所讲的检察权运作规律特指刑事检察权运作规律，至于与民事、行政检察权运行规律或有交叉，但并不完全涵盖。

据法律规定程序积极建立不同形式的参与途径和激励措施，及时主动公开案件信息，保障公众知情权。正当程序还表现在检察一体化原则中。检察机关内部决策应按照法定程序进行，下级检察机关要自觉接受上级检察机关的领导，在检察一体原则下进行活动。

其次，应当满足公众参与检察的合理期待。检察正当程序源自于公众对检察的独立性缺失、检察运作过程不透明的质疑，公众参与检察监督的重要使命之一是破除检察权运行神秘化色彩，那么在进行程序设计时应符合公众参与的合理期待。实际上，相对于检察机关而言，公众更能够了解自身对程序的需求，让公众参与制度设计有利于阻断公众质疑。公众参与程序设计的过程也是对正当程序评价的过程，公众参与的程序设计就是在建立公众参与检察机关案件公开审查程序时，充分听取社会各界意见和建议，避免程序性保障标准的一元化倾向，借助公众的视角发现制度背后的缺陷，使公众参与的程序经得起社会评判和实践的检验。

第二节　公众参与检察机关法律监督的配套措施法治化

十九大报告专门强调要深化司法体制综合配套改革，司法改革具体方案的实施离不开科学的配套措施，作为司法改革的一部分，配套措施理应遵循法治化运行规律。本节试图从两个维度提出公众参与检察机关法律监督配套措施的法治化构想：一是组织目标维度——通过在检察业务绩效考核中引入公众参与指标项，推动公众参与检察监督体制机制的建立；二是司法理性维度——通过内化意识与外化制度结合的方式培育公众参与检察监督的有序意识。下文将对上述两个论题做分别阐释。

一、建立全方位的检察官绩效考核体系

（一）检察官绩效考核的现状

绩效考核是管理学用来管理和控制员工并为晋升、激励、惩戒、薪酬提供依据的评估方式。绩效考核模式建立之初，主要是作为指导员工挖掘自身潜能和有效控制员工行动的工具使用。传统组织

管理理论认为,公司与员工之间容易产生对抗关系,为了促进员工与公司合作,就必须以诱导或惩戒等方式规范员工行为。1965 年,迈尔(Meyer)在《绩效考核中的角色分离》一书中指出,绩效考核的目标有两个:一是为薪酬发放提供依据;二是通过员工的绩效反馈分析绩效考核机制的改进。① 检察官绩效考核虽然也借鉴了管理学绩效考核理论,但是二者也有显著区别,检察官对检察机关的人身依附关系强于公司,检察官与检察机关之间不属于组织管理理论上的对抗关系,在检察官绩效考核方面的激励性要高于对抗性。

我国检察官绩效考核制度发展经历了四个阶段:第一阶段为 1978 年到 1995 年,这时期对检察官的考核权属于同级党委,检察院没有独立的考核权;第二阶段为 1995 年至 2003 年,这时期检察院逐渐形成了规范化的考核制度,如出台了《检察官法》《检察官考核暂行规定》《人民检察院基层建设纲要》等文件;第三阶段是 2003 至 2013 年,在最高检领导下统一制定了"三位一体"绩效考核体系,各省市分院也据此建立了具体的考核标准;第四阶段是 2013 年至今,随着十八届四中全会召开,检察机关出台了《"十三五"时期检察工作发展规划纲要》,其中明确提出要求积极推进检察官队伍建设职业化发展,根据该纲要,最高人民检察院还制定了《关于完善人民检察院司法责任制的若干意见》《检察官、检察辅助人员绩效考核及奖金分配指导意见(试行)》等文件。至此,检察官绩效考核体系基本建立。

随着司法责任制改革的深入推进,全国各地检察机关根据"员额制"的要求,对检察官绩效考核方式进行了深入探索。笔者通过对北京、上海、福建、广西、重庆、内蒙古六个省级行政区的检察人员绩效考核办法进行考察发现②,当前的检察官绩效考核呈现以下几个特点:

(1)考核主体为检察机关内部专门机构。当前对检察的绩效

---

① Meyer H. H. ,Kay E. ,French J. R. P. P. ,*Split Roles in Performance Appraisal*, Harvard Business Review,1965,p. 123 - 129.

② 关于六省级行政区的绩效考核试行办法,均取自于最高人民检察院内部网站。

考核基本上是以本级检察院内设部门为考核主体，如重庆检察机关成立了考评委员会办公室，设立在本院政工部门之下，受本院党组领导；内蒙古检察院同样建立了绩效管理考核委员会，下设“考核办”具体负责组织实施，上级检察院对下级检察院的考核委员会予以指导；广西检察院细化了考核管理委员会的成员，由党组成员、政工、监察和案件管理办公室负责人以及检察官、检察辅助人员和司法行政人员代表组成。

（2）检察业务考核为主要内容。考核的内容更关注检察官、检察辅助人员的工作实绩，通过量化的方式将绩效与奖金挂钩。如《北京市检察机关绩效考核及奖金分配办法（试行）》第 6 条规定，绩效考核应注重突出业务办案、注重实绩考核、注重群众公认；《福建省检察机关检察官绩效考核及奖金分配办法（试行）》第 8 条规定，考核评价内容为检察业务考核、公共目标考核、领导综合评鉴三项，其中检察业务考核分数为 80 分；《上海市检察机关检察官绩效考核及奖金分配指导意见（试行）》第 10 条规定，检察官绩效考核包括检察业务考核与公共目标考核两部分，检察业务考核一般占比未 70%。

（3）基本上以“年终考核”为主要考核方法。以考核阶段为标准，可将绩效考核分为日常考核、阶段性考核与终结性考核，现行检察官绩效考核几乎全部采取终结性考核的方式，如北京等六个省级行政区均规定每年进行一次考核，可于当年度 12 月下旬或次年 1 月上旬完成，对于日常考核未见有相关规定。

（4）提出绩效考核结果的运用方式。绩效管理理论认为“只有将绩效评价的结果与人们所获得的回报挂钩，才能真正使绩效管理发挥应有的作用”①。长期以来，缺少绩效考核结果的运用成为制约我国检察官绩效考核实际效果的“瓶颈”。根据司法责任制要求，大多数检察机关建立了新的检察官绩效考核标准，弥补了考核结果难以运用的缺陷。如福建省将检察官业绩考核标准划分为四

① 孙柏瑛、祁光华编著：《公共部门人力资源开发与管理》，中国人民大学出版社 2004 年版，第 164 页。

个层次：优、良、中、差，且每个层次均与检察官晋升排位、提拔任用、奖励性考核奖金挂钩，对于中、差的等级还明确规定退出员额、禁止参加检察官入额遴选等惩罚性措施。

（二）检察官绩效考核存在的问题及原因分析

绩效考核是全面反映检察官履职状况的重要手段，虽然在司法责任制改革后检察机关的绩效考核方式强调了与行政机关绩效考核之间的区分，但在社会治理多元化背景下，检察机关绩效考核规定中仍有许多不完善之处。

首先，考核主体设置不合理。考核主体的专业化程度直接关系着考核目标的实现，绩效考核是一项需要由专业人员实施的考核活动，从指标的设计、赋值、统计到分析、研判、汇总等均应由具有专门资格的人员实施。当前的检察机关绩效考核主体大多是内部成立的临时性组织，如设置在上级检察院的政工部门，由原有的政治部组成人员构成。这种考核主体的设置方式有较大缺陷：一方面缺乏专业性，检察院政治部的职能较多，有开展思想政治工作、干部的任免与考核、组织培训、媒体宣传、人事管理等，通常情况下政工人员身兼数职，缺少专业的绩效专业知识和日常管理能力；另一方面缺乏客观性，对检察官的考核不仅是检察系统内部事务，它涉及包括公众在内的多个主体的评价，目前这种由检察机关自己考核自己的方式有失公允。

其次，考核指标设置不科学。考核指标是组成考核指标体系的基本元素，科学的绩效考核指标体系是保证绩效考核科学的前提。当前绩效考核指标存在功利性、单向度性和片面性等问题。功利性表现在业务考核指标的设置许多受制于刑事政策和政治决策，政策变动频繁，那么检察业务考核指标也会频繁变动，不利于检察业务考核目标的实现；单向度性表现在上级检察机关对下级的管理过于简单化，无法真正了解下级机关的业务办理状况，下级检察机关也没有一个向上反馈的渠道，实践中有部分检察院为了提高绩效成绩而采取造假、欺瞒等手段，这些都是考核指标数字所无法反映的现象；片面性则是指检察业务指标无法反映检察业务的整体状况，最典型的如缺乏公众参与程度、群众满意度、司法行政机关评价等外部评价因素，有省份绩效考核规定甚至将对“司法作风”的评价规定为由“分管院领导评价、部门负责人评价、本部门其他检察官评价和检察辅助人员评价”[①]四方面组成，与绩效考核方案提出的“群众公认”原则相去甚远；片面性还体现在，考核是一项长期活动，需要对考核对象充分了解，这种临时组成的考核机构无法对考核对象进行全面认识。

最后，绩效结果运用缺乏刚性。虽然此次绩效考核改革完善了结果运用内容，但是由于缺乏刚性的制约手段，难以激发全体检察干警的执业能力。根据检察人员分类管理规定，检察官分为员额检察官、检察辅助人员和司法行政人员三类，如果依照最严厉的惩罚性措施退出员额、禁止遴选或停发绩效考核奖金的处罚，员额检察官仍可退回辅助人员和司法行政人员，只是在工资待遇上有所区别，一般的福利待遇、工资、补贴照常发放，无法对检察员产生威慑作用。

本书认为，造成上述现象的原因主要有两方面：其一是绩效考核的政治化色彩仍未退去。政治性的外在表现之一就是考核主体与考核方式受考核指标以外因素影响，如考核者的偏好、与被考核者的关系、上下级之间的关系等，都可能成为考核者实现政治意图的工具。另外，按照绩效考核规定，大多数检察机关的考核程序为个人自评、部门负责人或分管院领导复核、业务部门初评、政工部门和纪检部门评价、考评委员会评审、公示等，这种层级化的考评模式催生了部分检察官的功利主义心态，检察官为了达成考核目标，将大部分精力用在拉关系、走后门上。其二是没有相对独立的外部评价体系。如前所述，现有的考核体系基本上属于检察机关的内评，在上下级领导与被领导关系下，考核过程中难免有失公正。绩效考核是一个“包含情境、认知和情感的社会化过程”[②]，现行的一元化考核体系赋予了考核主体宽泛的自由裁量权，尤其体现在考核指标

① 参见《江苏省检察机关检察官办案绩效考核量化规则（试行）》第14条。

② 汪洪艳、陈志霞：《绩效考核政治性研究述评》，载《外国经济与管理》2015年第9期。

设计与运用方面。

（三）将公众参与引入检察官绩效考核评价体系

检察机关是参与社会治理多元主体中的重要一元，不仅在刑事诉讼活动中起承上启下作用，得益于法律监督职能的法律定位，其还是连接社会公众与行政机关、司法机关之间的重要纽带。为了满足公众参与权、监督权的需要，应建立多元化的绩效考核指标体系。本书认为，可将公众评价纳入检察官绩效考核评价体系。

（1）引入公众作为参评主体。公众作为绩效评估主体是检察民主的内在要求，与绩效评估理论所强调的顾客满意度的价值取向不谋而合，公众参评有利于增强检察机关绩效考核的客观性，提升检察官的履职水平，建立检察官与公众之间的信任关系。但是，公众参与绩效评估同样面临着一定的风险：一方面，如若引入公众参评，必须解决公众参评资格问题，如哪些公众应当参评而哪些不可以，参评的公众是否具有广泛的代表性；另一方面，鉴于检察业务的涉密性特征，公众参与应当是有限参评，关于参评结果也应做脱密处理。在智慧检务工程持续推进的背景下，通过制度与技术相结合可以最大程度降低上述风险，参评员的选拔可借鉴人民监督员的选拔模式，让司法行政机关作为选拔主体，对区域内符合条件的公民进行选拔，继而依托统一业务应用系统，对参评数据做保密处理之后，由案管部门牵头组织公众参与考评。

（2）建立公众参评指标体系。公民的政治参与效果体现在公众满意度上，但是满意度是一种潜变量，无法直接通过计算准确得出，必须借助一些显性指标观测获取。党的十九大报告中就提出“增强政府公信力和执行力，建设人民满意的服务型政府”，由此可见，人民满意既作为政府行政的目标之一，又是衡量政府绩效的主要指标。对于检察机关而言，公众满意代表着公众对于司法的认同，是构建检察权威的核心要件，因此在检察官绩效考核中需建立以公众满意度为核心的参评指标体系。

当前学界大多借用美国顾客满意度指数模型（American Customer Satisfaction Index，ACSI）研究公众满意度，如梁昌勇教授提出的“纯公共服务公众满意度测评指标体系”①、吴建南教授结合公共部门特点建立的“公众满意度测评指标体系”②等均建立在 ACSI 基础上，本书参考这两个数据模型，结合检察业务特征提出了检察业务公众参评指标体系构想。（见表 5－1）

表 5－1　检察业务公众参评指标体系

一级指标	二级指标	三级指标	四级指标
公众满意度	公众信息	案件信息公开	是否及时公开案件信息，公开信息内容是否清晰、真实
	感知质量	对司法程序感知	办案程序是否规范、专业程度是否较高、处理公众诉求是否及时、态度是否消极、司法是否公正、办公场所是否整洁
		对司法效率感知	
		对廉政情况感知	
		对司法作风感知	
	公众满意度	总体满意度	对检察机关的总体满意度评价
	公众抱怨	投诉、建议、涉检信访、举报、控告	是否有针对检察机关的五种行为
	公众信任	检察工作支持度	公众对检察机关的了解程度、对检察工作的支持程度

将公众满意度指标引入检察官绩效考核指标体系，弥补了当前考核体系中外部参与力量不足，自我评价的缺陷。经考察，成都市检察机关已经据此作出了努力，其建立的“360 度考核法”③极具启发性，该考核方法让上下级机关、本级机关职能部门与检察员共同参与考评，并结合记分卡实施科学评估。就本书而言，可将公众满意度作为一级指标纳入该考核程序中，促使检察官绩效考评体系趋于完善。

① 梁昌勇、朱龙、冷亚军：《基于结构方程模型的政府部门公众满意度测评》，载《中国管理科学》2012 年第 S1 期。

② 吴建南、黄加伟、张萌：《构建公共部门公众满意度测评模型的实证分析》，载《甘肃行政学院学报》2006 年第 3 期。

③ 关于“360 度考核法”参见汤志伟：《基于平衡计分卡的检察人员绩效考评研究——以成都市人民检察院的实证探索为视野》，载《电子科技大学学报（社科版）》2017 年第 1 期。

(3)完善公众参与绩效考核的保障体系。没有完备的后勤保障体系,公众参与绩效考核必然会形同虚设,检察机关应转变传统绩效考评思想,重视公众参与考评的意义,从思想观念、人员机构、基础设施、责任追究等方面建立体系化的考核保障机制。

首先,转变传统的思想观念。十九大报告特别提出“必须紧紧围绕保持党同人民群众的血肉联系,增强群众观念和群众感情,不断厚植党执政的群众基础”,强调在日常工作中重视党群基础建设。检察官绩效考核长期以来做的不如人意,部分检察人员从意识上排斥公众参与,拒绝公众评价,难以获得公众对检察工作的认可。因此,作为检察官应当在绩效考核中树立公众参与意识,强化公众参与对绩效考核所起到的有利的推动认识。其次,建立专业和独立的考核机构。人员机构配置完善才能顺利地开展考评工作,当前检察机关没有一个相对独立的考核部门,直接影响了绩效考核的公正性。鉴于此,在检察机关体系之外建立专业的和独立的考评机构专门实施考评工作是一种不错的选择,可建议检察机关以服务外包的形式将绩效考评工作承包给专业团队[①],这样既能减轻检察机关的工作压力,又能最大程度保证考核目标的实现,是为一举两得。再次,完善基础设施建设。除了“软件”方面的保障以外,公众参与绩效考核还需“硬件”方面的完善,尤其是技术与信息化建设。在信息技术迅猛发展的今天,运用新媒体实现公众参与已然成为主流方式,如网上信访、网络问政、领导信箱、公众论坛等,拓展了公众与政府联系渠道。针对检察机关绩效考核而言,可充分利用信息化手段,建立网上数据共享平台,便于公众通过微信、电脑等客户端直接参与考核工作。最后,明确公众参与绩效考核的权与责。权责统一是政治设计的重要原则之一,可适用于政治系统的各个领域,在构建公众参与绩效考核制度时,必须明确公众参与的权利与内容,建立与之对应的责任。具体而言,就是包括公众知情权、发起权、表达权、监督权和救济权等一系列权利,同时明确公众参与绩效考核所

---

①　当前大多数检察机关利用服务外包将本单位技术与信息化工作通过招标的形式交由专业团队辅助承担。

需遵守的保密义务、不得扰乱正常检察工作秩序的义务、积极参与检察绩效考核的义务等。

二、通过司法理性引导和规范公众参与

我国社会已经进入到社会转型攻坚的深水区,利益群体结构的复杂化导致社会矛盾激增,给国家和社会治理带来了新的挑战。治理模式的改革和治理手段的创新迫在眉睫。社会治理应当遵循法治化路径已然成为共识,但是法治在社会治理过程中如何实现其有效性却存在分歧,具体体现在实施的路径上。法律虽包含强力,但是法律的这种强力并不能实现社会治理的最终目标,治理的精髓在于通过强力背后的理性向社会传输正义的理念,使人们形成"服从的习惯",并在交互过程中得到满足。法治的意义在于"法律下的公民自治以及通过法律形成社会的共识与和谐"①。

司法权在政府与社会之间起到了良好的缓冲作用,避免了社会矛盾对政府所形成的直接冲突,同时还能够实现社会矛盾的法律导入和通过法律来保障不同社会群体的利益之目的。然而,司法权在社会治理中却时常出现信任危机,究其原因,主要在于社会公众缺乏对司法权力的信服,司法理性也未成为社会秩序构建的主流意识形态。公众参与检察监督的根本目的是加强公众对司法的认同,引导和规范公众参与的前提在于让司法理性在社会范围内广泛传播,成为带动公众理性参与的重要力量。因此,应通过司法理性的植入规范公众参与的法治化和有序化。

(一)司法理性的运作逻辑

1. 司法理性的基础——司法权

司法权是什么,司法权的范围如何划定?这是所有研究司法权及与之相关的论题都无法避免的问题,基于不同的视角,回答也不尽相同,大致分为"狭义说""广义说""折中说"。

"狭义说"认为司法权就是法院的审判权,如陈瑞华教授提出司法权就是裁判权,即"司法是与裁判有着内在联系的活动,司法权

① 蒋秋明:《司法理性与法律治理》,载《学海》2004 年第 6 期。

往往被直接称为司法裁判权”[1]，由于检察机关的诉讼职能与法律监督职能之间存在“不可调和的矛盾”，检察权应当排除于司法权范畴之外，属于广义上的行政权。“广义说”认为司法权是包括法院的审判权与检察院的检察权在内的国家权力。如张文显教授认为“司法是指国家司法机关依据法定职权和法定程序，具体应用法律处理案件的专门活动”[2]，其中法院行使审判权，检察权则由检察院行使；谭世贵教授也持相同观点，他认为我国宪法条文中虽然没有使用“司法权”或“司法机关”的概念，但是却对检察机关和审判机关进行了专门赋权，使之具有在国家权力机关、行政机关、军事机关之外的司法机关的相同属性。“折中说”的主要观点是司法权应做概念化理解，因为司法权本身包含着多种职权，在不同的语境和制度下有着不同的指代。如石茂生教授认为，一个国家机关常常行使多种权力，所以司法权与司法机关并非一一对应关系，那么在中国的语境下，司法权一词只能在学术概念中界定意义，应以检察权、审判权来指代司法权[3]；江国华教授也认为，“相对于意思明确的‘审判机关’这一范畴，‘司法机关’是一个意思相当模糊的概念，审判机关职能单纯，司法机关职能相当复杂”。[4]

无论是“狭义说”、“广义说”抑或是“折中说”，都是建立在对司法权的规定性认识基础之上，并将司法权置于国家权力结构体系中而进行的体系解释。然而，权力起源于社会实践，是人类对于社会现象反思的结果。从司法权的产生与发展历程来看，司法权是伴随着商品经济的发展和多元利益主体的产生而逐渐脱离行政权，并逐渐成为独立的权力呈现在国家权力结构中，其生来就带有强烈的社会性与时代性，对现代意义上司法权的理解，必须将其与社会实践相联系。再者，司法权与社会实践的这种关联性使司法

---

① 陈瑞华：《司法权的性质——以刑事司法为范例的分析》，载《法学研究》2000年第5期。

② 张文显主编：《法理学》（第2版），高等教育出版社2003年版，第276页。

③ 石茂生：《司法及司法权含义之探讨》，载《河北法学》2012年第2期。

④ 江国华：《通过审判的社会治理——法院性质再审视》，载《中州学刊》2012年第1期。

权的终极目的是对社会秩序的维护和公民权利的保障,实现社会的自由与安全,通过社会视角来探寻司法权的内涵是对司法权科学界定路径。

检察机关的法律监督权也是社会治理的权力之一,它的法律监督职能不仅体现在刑事诉讼过程中,还体现在非诉职能范畴,如对职务犯罪的预防、对其他国家机关或企事业单位提出检察建议等,其实质是在法律监督层面上维护社会稳定和秩序,所以检察机关的监督角色是社会治理过程中不可缺少的重要一环。司法的基础在于社会,最终归宿也是社会,只有在社会中司法才能实现其价值,否则司法权的社会治理功能无从谈起。综上所述,司法权是包括法院依法独立行使审判权和人民检察院依法独立行使检察权,适用法律解决社会纠纷的权力。

2. 在社会治理视域下对司法理性的选择

从目前司法权在社会治理中运作的现状来看,总体上遵循着两类发展模式:技术主导模式与理性主导模式。

技术主导即强调司法技术手段的社会治理面向。技术主导的思路来源于对法律工具主义的扬弃,罗斯科·庞德(Roscoe Pound)在论证法律的任务时指出,法律并不创造利益,而是用来发现和保障由人所创造出的利益。法律工具主义将法律看作是实现某种社会目的的手段,是维持社会运转的工具。法律工具主义历来受到我国学者的批判,关键问题在于其对法治精神的漠视和遗弃,正如有学者所称法律工具主义的直接后果是形式理性的张扬,法治精神的阙如,"法律成了完全异化的'他者',根本唤不起人们对法律的忠诚"。[①] 技术主导的路径并不排斥法律价值的彰显,反而对其进行了有益吸收和改造,使之成为与司法规律以及社会秩序目标相适应的改革模式[②]。但是,技术主导的司法权治理缺乏对社会内部秩序

① 刘小平、杨金丹:《中国法律信仰论的内在悖论及其超越》,载《法商研究》2014年第2期。

② 如学者泮伟江已经认识到,人与人之间的关系是中国司法改革的起点和归宿,对人与人之间所产生的利益冲突是现代司法裁判的核心功能,所以司法改革的目的是使司法体制更加纯粹,从而担任起应有的社会职能,公正、秩序是改革所应当彰显的价值。

规则的凝结与提炼，焦点更集中在外部秩序规则的“失位”或与之相关的利益分化与冲突，由此产生的具体治理手段难免产生滞后性和暂时性。

理性主导即强调司法理性的社会治理面向。什么是法律的“理性”，美国著名法学家波斯纳给我们提供了经典的回答：“理性仅仅是一种保持开放和好奇的方法，一种依赖说服而不依赖强力的方法。而法律的开放和好奇的特点并不突出，它依赖强力，也依赖说服。”①理性主导的进路是形式法治向实质法治跨越的路径设计，他将法律精神、价值规范等元素灌输至法治建设的各个参与者，当然包括主权者。在此意义上，司法理性具有双重含义：一是形式层面上，指司法者运用法律思维、法律技术、法律论证通过法定程序寻求妥当性结论的技能；二是实质层面上，指隐含在司法权背后的，由道德、价值取向等构成的对于司法者进行法律适用产生影响的内在视角。司法具有通过规范与事实之间不断交涉而对于规范进行不断重构的功能，在这个过程中公众参与或许比统治者的决断更加具有说服力。在公众参与的场域内，司法理性的传播是司法权社会治理的必要条件，通过司法理性的社会浸入形成社会价值观念的一般衡量标准，从而破除当下社会公众对司法权力信服的缺失，更甚者以舆论影响司法公正的窘境。

基于对两种路径的分析，我们认为在当下司法技术主导的社会治理模式中通过司法理性的建构来树立司法权威，是重塑以司法信服力为基础的社会秩序的必由之路。

（二）司法理性作为社会治理意识传导进路的构建

法律的有效性取决于其被遵循的程度，“安定的社会秩序不在于保障法律实施的国家机器相对于民众有多么强大，而在于在排除国家强制力后法律还能否照常运行，单纯地依靠国家强制力来确立法律权威的时代已一去不复返”②。正如韦伯指出的那样，取决于

---

① ［美］波斯纳：《法理学问题》，苏力译，中国政法大学出版社 1994 年版，第 105 页。

② 张涛：《论法律权威之确立》，载《重庆理工大学学报（社会科学版）》2015 年第 3 期。

人们主观上是否认同法规的效力,并在行动中遵循法规。司法权亦是如此,若要在社会秩序中体现司法的秩序性,则必须使司法获得社会公众的认同。根据上文逻辑的预设,司法理性的社会意识传导依照理性主导社会治理的模式而展开,构建司法理性的社会意识传导路径需要将其放在"国家—社会"二元结构中来弥合司法理性与公众认识的鸿沟。

1."统一标准"与"价值判断"相结合

马丁·P.戈尔丁(Martin P. Golding)曾说过:"理想的正义是形式要素与实体要素之和"[①]。司法权的法律属性要求公正是司法权运行的主线,公正是法律制定和实施所应当坚守的根本准则,司法理性的传导依赖于司法制度的设计与司法主体的智慧,那么体现在社会治理中司法如何实现公正呢?我们认为应当遵守"统一标准"与"价值判断"相结合的原则。

文化具有时间与空间多元的特质,相应的所有实在的立法也都难逃漏洞、滞后、歧义的厄运,社会公众对于法律的追求与信仰是建立在文化多元的基础之上的,那么就要求司法者在进行法律适用时既要守住司法之统一标准,又要在其之下体现对公众的人为关怀。具体而言就是在"统一标准"之下融入"价值判断",在司法理性之中融入司法经验。与过往的粗放式司法形态不同,现代司法愈发呈现高度精密化态势,无论是法官在裁判中还是检察官在审查起诉中,对于案件事实的把控和与之相关因素的筛选必须严格追随一定的标准,借此引导司法程序的规范性运转,而这个标准只能是"依法"。同时,在能动司法的时代背景下,司法权的社会属性又要求在治理层面上对自身运行的空间予以拓展,价值判断在司法过程中潜在地影响着裁判结果,它是司法经验的集中体现且能够对公正价值进行具有感染力的诠释。意识形态层面的问题应当重新回到意识形态的路径解决,那么依据将司法理性作为意识传导路径的思路来看,价值判断的构建则需要以法律的价值导向为主线,即在对相关因素进行考量时应当无时无刻体现着公正的价值理念,恰如学者所

---

① [美]马丁·P.戈尔丁:《法律哲学》,齐海滨译,三联书店1987年版,第237页。

称："在法学'价值导向的'思考中，寻求法律中的'正确性'要求是至关重要的。这种'正确性'要求所反映的主要价值是公正和正义"①。"统一标准"与"价值判断"相结合从本质上来讲就是"依法"与"公正"的结合。

2. 树立个案中的司法权威

法律的权威源自人民的内心拥护和真诚信仰，其通过简明的方式阐述了法律权威的正当性渊源——人民的拥护和真诚信仰。庞德在解释法律秩序的权威性渊源时指出，这种权威难以在强力说、同意说以及正义说②之间寻得答案，但是由于法律在实际中正发生着作用，使我们得以在这个秩序中维护与促进文明，所以法律就掌握着一种实际的权威。如何铸就司法权威是所有中国司法权研究都无法绕开的问题。

树立个案中的司法权威，让司法理性"看到见"和"摸得着"，在个案中实现司法权社会治理的有效性，是逐渐构建司法信仰并获得人民拥护的路径之一。通过司法来化解社会纠纷能够让国家、个人、司法参与人员（如律师、证人）在同一个"场"内进行沟通，表达自己对法律的理解和意愿，而作为中立的第三方司法者秉持法律之威严、通过法律之理性对矛盾与诉求进行系统化的处理，其裁判的过程以及结果都将成为经验且内化到治理结构中，指引人们的行为向着法律指引的方向而做出行动安排。通过个案的纠纷解决而产生的治理效果体现在：第一，让案件所有的参与者切身感受到司法的威严，促使自己并带动他人形成行动的自觉；第二，案件向社会的公布对整个社会产生指引作用，诉诸法律将会成为人们渴求公正时的第一选择；第三，权威性裁判对司法人员也会产生指引。值得注意的是，案例指导制度的构建和完善逐渐成为司法权威构建的重要手段，它不仅能够提升法官、检察官运用指导案例处理法律事务的

---

① 陈海平、何澄玉：《司法正义的实现：司法理性或抑司法经验》，载《求索》2009年第4期。

② 庞德认为，对于法律秩序的权威性渊源的回答至少包含了三方面问题：它最直接的实际渊源是什么，它最终的实际渊源是什么，它最终的道德渊源是什么。对应的回答即：社会的强力、自由人民的同意、正义。

能力，更能够丰富法律权威的内涵。综上所述，从个案中建立司法权威是让司法理性“实际发生作用”最直观和方便的手段，是司法权社会属性的决定性使然。

3. 以权力监督带动司法理性的传播

行政机关是社会治理的主导者，也是多元社会治理主体中最重要的“一元”。然而与司法权对公正价值的追求不同，行政权的价值基础是效率，行政权的行使与国家的社会经济发展密切相关，如何在庞大的国家机器运作中以最小投入换来最大的效益是其所关注的议题。在社会治理中，行政机关实质上是作为正义实现的工具而存在的，社会公益的最大化利益是行政权行使的目标。宪法是法治的工具，宪法为政府行为提供了基本原则，使政府以平等的方式对待其公民。① 我国在人民代表大会制度下行政机关、审判机关、检察机关之间关注权力主体之间的分工与合作。监督的过程实际上就是司法理性向行政机关灌输的过程：一方面督促行政机关依照法治化的路径参与社会治理；另一方面行政机关在社会治理中间接的将司法理性传导给社会公众，由于治理主体与治理对象的直接接触，这种理性的传导更加有效。

司法理性在向行政机关传导过程中所面临最大的问题是：如何将这种理性以原本的面目向公众灌输而不丧失司法理性之根本，或者说不受到歪曲。对此，应当从司法与行政两方主体进行分析。首先，作为传输主体的司法机关需在保证司法权在依照宪法独立行使的前提下探索多种形式的司法理性传播载体，增强其可接受性，实现其有效性；其次，从传输对象角度来看，在符合宪法规定的前提下畅通与司法机关的交流渠道，建立起治理信息共享和意见反馈机制，积极地将司法理性融入到社会治理中。司法系统与政治系统所形成的良性互动，甚至于司法理性对其他权力机关的意识传导，都是间接作用于社会秩序的治理，促进社会资源整合的良好途径。

---

① ［美］W. 菲利普斯 · 夏夫利：《权力与选择》，孟维瞻译，世界图书出版公司 2015 年版，第 231 页。

4. 社会模仿平台的搭建

社会模仿,是人类学习的重要手段,也是人类获得知识、经验以及进行社会交往的重要方式。法国社会学家塔尔德认为模仿是维系社会交往的纽带,没有社会模仿就不存在人类社会,模仿是最基本的社会关系,对此他称道:"如果我们说,凡是两个活生生的人之间存在某种社会关系,两者之间就存在着这个意义上的模仿"①。塔尔德(Jean Gabriel Tarde)将模仿的原因看作是人类本能使然。与塔尔德不同,法社会学创始人迪尔凯姆(Émile Durkheim)则认为,之所以会产生社会模仿是因为外在的社会压力,如社会风俗、流行风气等。无论是根据塔尔德还是迪尔凯姆的社会理论,模仿必然是与一定的驱动力有关联,只不过是内在驱动和外部驱动的差别罢了。

司法理性作为一种社会现象,也需要对社会模仿予以关注。理性的传输必然指向的是行为方式的改变,法律信仰不可能永远存在于社会意识领域,社会模仿使司法理性从主观形态走向客观形态,让模仿者与被模仿者在行为上产生匹配与共鸣,是从社会角度加强司法理性传导的重要渠道。是以,应当强化三个平台建设:一是司法机关的普法平台。相比较其他国家机关,司法机关作为普法工作的主体,更具专业性与针对性,然而现阶段大多数机关对普法工作仍然处于懵懂认知阶段,常常把普法当作政治任务来做,并没有在普法过程中彰显出司法工作者应有的理性与智慧。所以,建立固定的法律普及平台,选任法律精英作为法律普及主体,并形成普法的双向沟通与反馈机制,即公众监督与普法建设相结合机制,是完善司法机关普法平台的重心所在。二是公共媒体平台。媒体宣传是传播司法理性最便捷的手段,在大众媒体时代下司法机关以新媒体的方式将代表性案例的解读、热点案件的审理、司法权运作等事项公开,是司法透明的要求也是传播司法理性的路径选择之一。三是公众交流平台。搭建起公众之间互相交流的平台,如法律类行业协

---

① [法]加布里埃尔·塔尔德:《模仿律》,何道宽译,中国人民大学出版社 2008 年版,第 7 页。

会、公益性培训机构、社区治理机构等,给社会公众之间提供互相沟通的平台。三个平台分别从司法机关、公共媒体、社会公众三方给社会模仿建立了机制保障,社会模仿平台降低了司法理性的“身位”,让司法理性在社会公众间的传播更为顺畅。

第三节　通过信访纳入法律监督权视野实现公众监督与救济的法治化

随着国家传统治理方式的改变,现有的信访制度已经难以应对政治稳定和社会稳定的诉求。改革信访制度,首先应当破除单一的以政府为主导的利益表达方式,增强作为公民监督手段之一的信访制度的实效性。信访法治化需要一个规范有效的权力来保证运行,在维持信访制度功能的前提下,将信访纳入法律监督权的视野或许能够促使信访制度的规范运行,而作为行使法律监督权的检察机关在制度设计上已然具备吸纳信访制度的条件。鉴于此,本书试图在信访制度与法律监督权之间寻求契合点,并对在实践中运作的可能性进行论证,以期达到改造信访制度、消解社会矛盾、恢复社会秩序之效果。

《法治政府建设实施纲要(2015—2020 年)》是法治中国建设蓝图的重要纲领,其针对政府治理的科学化、法治化、民主化提出了多项具体要求。信访作为人民表达意愿、提出建议的重要制度,在缓解社会矛盾、疏散社会压力方面起到了良好的示范作用。信访曾一度成为人民维护权利的工具,可以说它承载了国家和人民太多的希望,也背负了太多不该担负的包袱。笔者在对现有信访制度运行状况与研究状况进行梳理的基础上,发现目前大多数的信访研究和改革大多限定于原有的体制框架内,这种改革方式很难支撑起日益倾斜的“信访之塔”。为此,本书试图打破原有以行政为主导的信访制度,在法律监督权的规制下探求信访法治化的路径。

一、行政化治理模式下信访制度运行的现状分析

信访制度运行失位的根本原因在于政府与社会利益的逐渐分

化,由此产生的共同目标的分散化又导致了行动的不一致性。实质上,政府与社会以及公民应当是建立在同一个目标下的利益共同体,政府作为社会及公民的代言人,是这个共同理想的捍卫者,公民与社会则是这个理想的执行者。

我国的信访制度被称作为"人民信访",是中国共产党在政权建设期间以及社会主义建设过程中逐渐形成的特色制度,也是党密切联系群众、"从群众中来,到群众中去"的反映,人民一词贯穿于信访制度建立的整个过程,保持同人民群众的密切联系当然成为信访制度的首要功能,这一点从1995年以及2005年新旧《信访条例》总则第1条可以发现,该条以短短41个字将信访制度的性质、功能予以展现①,"彰显了信访制度的权利保障、秩序维持、效率提高之立法价值"②。信访制度运行的合理化需要两方面努力:一是社会群体利益满足;二是政府具备高效的治理能力。然而,目前的信访制度运行却面临一些新的挑战,具体表现为:

(一)非正常上访对社会秩序的损害

非正常上访是与正常信访相对的概念,国务院《信访条例》对信访的受理范围、形式、级别、场所等有着明确的规定,非正常上访则是违反国务院《信访条例》的规定而进行上访的行为,具体表现为超级访、暴利访、极端访等。由于信访引发的恶性事件时有发生,如"7·20"首都机场爆炸案,其肇事者冀中星曾上访8年,由于诉求没有得到回应而引发过激行为;广东乌坎事件中上访村民对周边居民以及企业打砸抢,甚至对国家机关进行围攻,在社会上造成了极大的不良影响;河南省焦作市中站区长期上访户张某夫妇,在与信访工作人员沟通过程中,突然施袭至其身亡。社会暴力往往是社会矛盾激化的结果,其不可避免地对正常的社会秩序有所影响,如阻断交通、破坏正常的生产经营活动、恶性网络舆论的传播等。一些

① 国务院《信访条例》总则第1条规定:为了保持各级人民政府同人民群众的密切联系,保护信访人的合法权益,维护信访秩序,制定本条例。据此认为,民主性是信访制度的性质,功能包括两个方面:联系群众、权益保护,秩序维护。

② 肖萍、刘冬京:《信访制度的法理研究》,群众出版社2012年版,第16页。

非正常上访极具煽动性，在共同利益的催化下“通过行动模仿在行动上产生一致性，集体认同感与强烈的情绪感染已经让人群无意识地产生了从众与模仿心理”①，最终从一般的维权行动发展成为群体性事件。

（二）行政机制应对信访问题的局限

现代社会，评价政府法治水平的标准之一是政府治理框架下对社会冲突的排解能力，非正常上访行为对秩序的破坏催生了政府的暴力治理手段，这种治理方式并不违背合法性逻辑但是缺少合理性价值的诉求。② 就现实而言，政府主要采取三种方式应对信访问题：一是极力地拓展行政体制下的信访渠道，如目前所推行的“网上信访”“互联网＋信访”；二是打造信访多元化解平台，即聚合社会各方力量参与信访矛盾的化解；三是信访问题的分类处理，如当下所推行的信访分类处理清单制度。政府通过对信访制度的内部与外部规约，确实在一定程度上起到了疏解情绪和缓解矛盾作用，但依其信访改革的思路可以看出政府推行信访改革仍然囿于传统以行政主导的行政控制方式。

二、信访法治化的司法机制转向

学界对于信访法治化改革方向基本上依照分割政府权力和调整政府结构的思路。如信访废除论者认为：信访制度具有高度灵活性和随意性，是在动乱时期政府用以维持稳定的工具，也是申冤昭雪的主要方式，充满了“人治”之色彩，信访制度在这一阶段弥补了司法解决纠纷的不足，但随着司法权威的逐渐建立，应当逐渐弱化信访功能直至撤销信访部门，以行政救济、司法救济、社会救济等方式化解社会矛盾。与废除论者相对应的是信访强化论：信访部门应当扩充权力以应对信访洪峰的状况，当下所面临的问题是信

① 朱力、曹振飞：《结构箱中的情绪共振——治安型群体性事件的发生机制》，载《社会科学研究》2011 年第 4 期。

② 此处所讲暴力手段并非与法治相背离，科层主义法治理念终究不能回避，法治也有暴力，只不过是另一种暴力——合法暴力。参见凌斌：《科层法治的实践悖论：行政执法化批判》，载《开放时代》2011 年第 12 期。

访制度远没有达到其本身应有的功能和价值，所以应当对信访部门进行扩权。另有强化论者提出将信访权纳入基本权利的范畴，提升信访权至宪法保护的层面，使之成为公民的基本权利。再一种观点是信访改造论，也称整合信访论，即对信访制度既不撤销也不强化，而是将其纳入到社会主义法治的大背景下，并整合分散的信访部门至人大机构，将人大作为一级的信访受理机构，统一处理信访问题。

诚然，信访制度在当下存在诸多问题，但是不可否认的是信访制度在面对纷至沓来的矛盾纠纷和传递公众监督诉求时，承担了弥补常规救济渠道空白之功效，废除论者的主张没有从社会化、本土化视角看待中国问题，“如此势必加剧与主导中国信访制度改革的政治家或实务工作者之间的隔膜，自说自话，不能对中国目前信访制度困境的解决提供任何‘知识增量’”。[①] 而信访强化论者所提倡的扩权思想虽然在特殊时期能够起到解决纠纷、维持稳定的作用，但从长远来看，作为程序性权力的信访制度如若扩充至实体处分权，则其必然影响到其他常规纠纷解决渠道，只能起到治标不治本的效果。信访改造论者试图突破现有的行政体制而进行整合，并对此进行了大量的极富参考价值的研究，有学者主张将信访纳入人大制度之下，但是有诸多问题值得商榷，将信访纳入人大制度之下可能造成对人大制度的架空，人大直接处理信访问题也会对现有监督体系产生冲击，同时也客观上增加了人大的负担，况且人大也缺乏对具体信访事件常效监督的能力。另有学者提出，将信访纳入宪法监督体制下，将碎片化的信访机构整合到人民代表大会体制之中[②]，虽然宪法监督无论从理论上还是逻辑上都能够接纳信访制度，在《各级人民代表大会常务委员会监督法》（以下简称《监督法》）上也有相应的程序机制，但人大对于公民诉求仍要转递司法及行政机关来处理，未能从根本上破解信访制度的行政导向问题。

---

① 张红、李栋：《中国信访制度：困境与变革》，载《华中科技大学学报（社会科学版）》2012 年第 6 期。

② 秦小建：《信访纳入宪法监督体制的证成与路径》，载《法商研究》2016 年第 3 期。

如果不能减少政治参与,那么就扩大政治制度化的路径。笔者赞同信访改造论者在行政体制以外寻求信访法治化路径的思路,但若从国家纵向权力结构进行改革必然影响到权力结构的重新调整,可谓是牵一发而动全身,改革的风险较大,故依照横向权力结构寻求改革路径方为良策。《宪法》第41条被认为是信访权利在宪法上的依据,其所表征的批评建议、申诉控告、检举、取得赔偿权利就其属性而言"可明晰地界定为监督权和'获得权利救济的权利'",[①]可以说,信访权利兼具权利救济与政治监督双重属性。在我国,信访制度涵盖于行政权之下并附属于行政权,行政权是以效率为价值基础[②],而作为公民监督和救济的信访制度所追求的价值却为公正,二者追求的价值基础不同导致在实践中出现功能错位,具体体现为政府的秩序维持和公民利益表达之间的矛盾,这或许能够解释为何行政权难以负担起公民日益强烈的政治热情。纵观我国权力构架体系,法律监督权处于相对"超脱"的地位,《宪法》规定检察机关是国家的法律监督机关,在人大制度框架内与政协监督、行政监督、群众监督、舆论监督共同构成了权力监督体系,但是法律监督又具有不同于上述监督方式的特征。法律监督权兼有行政权和司法权两种性质,具有公正性、独立性、程序性、救济性特征,是进行信访制度改造的前提条件。另外,从制度设计层面上讲,行使法律监督权的检察机关具备平台优势,如司法导入程序、控告申诉程序、检察建议程序。

作为司法机关的法院是否能够作为信访制度的接纳机关,将其排斥的正当性何在?这是信访的司法转向确证后抛出的又一问题。法院作为"纯正"的司法机关,在国家的政治框架内具有特殊的地位,不适合整体吸纳信访制度,理由如下:首先,审判中立要求的使然。审判权在国家权力体系中易受到行政权的干扰,将

① 林来梵、余净植:《论信访权利与信访制度——从比较法视角的一种考察》,载《浙江大学学报(人文社会科学版)》2008年第3期。

② 郑贤君教授认为行政权的效率价值是由行政机关的宪法地位和行政权性质决定的,行政权的根本性质在于公定力,其他属性均为公定力之衍生,公定力的性质是效率价值的体现。参见郑贤君:《论检察权与行政权的关系》,载《河南社会科学》2011年第6期。

信访纳入审判权下实际上是把社会矛盾从政府转移到法院,将本来由政府处理的信访事项交由法院统一受理,那么通过法院将涉及政府的信访问题回流至政府则缺乏可行性,致使原本处于弱势的审判权难免通过信访途径受到行政机关的牵制而丧失中立地位。其次,对于信访事项的处理而言,实质上是提前介入案件的"预审",会引起审判机关先入为主的观念,破坏正当的审判程序。最后,从法院的实际运行状况来看,其承担了极大的案件压力,尤其是立案登记制度改革以来,大量的行政案件涌向法院,使本来就不堪重负的法院更陷入窘境,在吸纳信访制度的同时客观上增加了法院的工作压力,对法院原本的审判职能产生冲击。因此,无论是从理论上还是实践来看,法院都不具备作为吸纳信访制度司法机关的正当性。

综上所述,通过法律监督权的介入对信访制度进行整体改造,使之与行政权彻底断裂,不仅能够拓展公民监督的渠道、强化监督效果,还能实现法律监督权对行政权的常效监督而达到保障公民合理诉求表达之目的。笔者认为,建构以法律监督权为中心的信访监督和救济体系应当包含以下几个方面(见图5-1):首先,人大仍按照宪法和监督法的规定对相应的国家机关行使监督权;其次,对于一般信访问题,检察机关通过法律监督权对行政机关依法履行行政职权实施常效监督;再次,对于涉法涉诉类信访问题,检察机关可将其正常纳入司法救济渠道解决;最后,通过人民监督员制度来破解"谁来监督监督者"的难题。

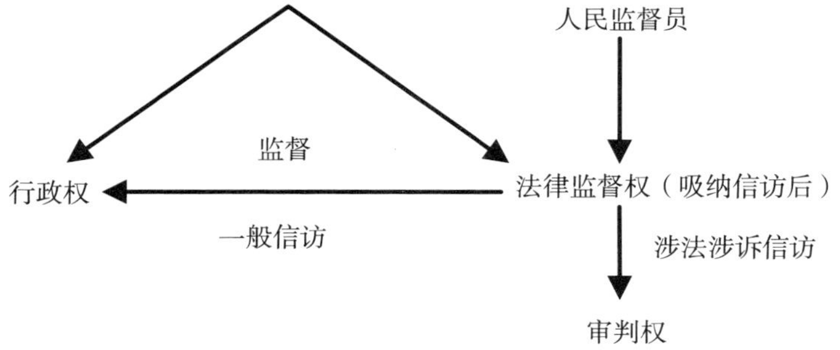

图5-1 以法律监督权为中心的信访监督和救济体系

三、信访制度纳入法律监督权下的证成

（一）公正性——法律监督权与信访制度的共生价值

价值是哲学范畴的最高的普遍性概括，法哲学领域所谓的价值是法律客体对于法律主体需要的满足，体现了自身需求与客观对象之间的内在联系。价值决定了法律制度的目的和安排，在法律实施过程中起到导向作用。行政权的价值基础是效率，从狭义的角度来讲，即政府在既定目标的前提下力争最小的投入。西蒙（Herbert · A. Simon）称，“无论是在民主国家还是在集权国家里，效率均是适用于决策问题事实因素方面的一个合适准则”①，不可否认效率准则在国家的转型时期起到了推动转型之功效，通过效率检点行政决策的科学性和行政制度安排的合理性。然而，具体到信访制度而言，其价值基础在于公正，《信访条例》总则以及信访事项的受理、办理和督办程序都体现了公正的价值，如第 30 条规定利害关系人回避制度、第 31 条规定的调查和听证制度，信访事项得到公正解决不仅符合信访制度设立初衷，也是信访人所追求的结果。

权力的集中会产生效率，权力的分散则会产生公正，法律监督权是应权力运作之公正基础而产生，故公正同样是法律监督权的价值基础，具体体现在以下几点：第一，从法律地位上来看，法律监督权直接来源于我国《宪法》第 134 条规定，即“中华人民共和国人民检察院是国家的法律监督机关”，与西方的分散式权力监督模式②不同，我国宪法赋予了检察机关独立的法律监督地位，检察机关在行使法律监督权时具有独立性和专属性，不受包括行政机关在内的其他国家机关、社会团体和个人的干涉。第二，从职能设计上来看，

---

① ［美］赫伯特 · A. 西蒙：《管理行为》，杨砾等译，北京经济学院出版社 1988 年版，第 178 页。

② 在西方法律中，并没有法律监督的概念，虽然“监督”一词大量出现在诸如《布莱克法律词典》《元照英美法词典》《牛津法律指南》等工具书中，但是却没有“法律监督”词条，尽管如此，在西方的政治体制下，基于权力的制衡理念，法律监督遍布于立法、司法、行政权之中，可称为“隐性监督权”。我国将该权力赋予单个国家机关，可谓寄予检察机关独立、公正、依法行使法律监督权以厚望。

法律监督权的任务是保障国家法制统一,促进法律公正实施而从制度层面做出的设计。除了宪法之外,刑事诉讼法对于检察机关的法律监督权作了具体规定,如《刑事诉讼法》总则第8条规定:“人民检察院依法对刑事诉讼实行法律监督”,其后分别规定了立案监督、侦查监督、审判监督和执行监督,民事诉讼法和行政诉讼法也设置了法律监督程序,以实现民事审判和行政审判活动的公平公正。第三,从权力保障上来看,法律监督权属于国家权力,具有权威性,这种权威性是指监督主体职责“必为性”,即法律监督主体必须对违法行为进行监督,同时具有“必止性”,即监督对象必须接受监督、纠正违法,然后才可以实现其有效性。①

综上所述,法律监督权与信访制度的价值基础具有指向的一致性,这种一致性促使二者在对价值追求时得到互补:信访制度所追求的公正价值在法律监督权视野下能够得到满足,同时,法律监督权下各项具体职能的民主性又通过信访制度而进行增强。

(二)法律监督权对于信访双重属性的接洽

法律监督权的性质定位应当以监督作为引申的逻辑起点,从字面意义上讲,“监督”即监视、督查,可延伸为约束、制衡、限制等含义。法律与监督两者并没有特定的内在联系,只是在中国语境下,法律监督所指的监督才具有特定的法律意义。学界多认为,法律监督是指由专门国家机关基于法律授权,通过法定的途径对法律的实施情况进行监察和督促,其指向为国家公权力,目的是保证国家法制的统一。法律监督权兼具司法与行政两种属性,它“既不同于行政权,又不同于司法权,而成为国家权力分类中一种独立的权力”②,从具体职能出发,检察机关法律监督权行使可划分为两方面:一是追诉类,主要指职务犯罪的侦查和刑事案件的起诉;二是纠正督促类,包括对公安机关侦查活动的监督、法院审判活动的监督、民事和行政诉讼监督、检察建议监督。

信访具有监督和救济双重属性,其监督属性表现在公民通过信

① 张智辉:《论检察》,中国检察出版社2013年版,第7页。

② 孙谦:《中国的检察改革》,载《法学研究》2003年第6期。

访渠道向国家机关提出建议、对国家机关工作人员违法失职行为检举和揭发;其救济属性表现在公民通过与国家机关沟通促使其履行职责、在国家机关侵犯其合法权益时获得赔偿、借助国家机关协调和解决纠纷。不可否认,信访的救济功能一直广为诟病,学界也在呼吁弱化信访的救济功能,如周永坤教授认为:"由于信访面对的纠纷大部分是已经经过正规纠纷解决机制过滤的,如果由信访来对已经生效的结果重新来处理,它实际上是对整个纠纷解决制度的挑战。"①笔者认为,虽然当下信访制度存在诸多问题,然而在弥补诉讼和复议等救济制度不足方面,依然能起到关键作用,救济属性备受指责的原因在于政府和公民未能在法制的层面上达成共识,造成救济权利滥用的状况,我们需要做的是通过对救济功能的改革使其规范化,这也是笔者将其纳入法律监督权下的动因之一。

法律监督权能够对信访制度的双重属性进行接洽,并逐渐引导信访向法治化方向前进。无论是作为监督机制还是作为救济机制的信访都必须建立在规范的基础之上。法律监督权有司法权之属性,司法权昭示着对权利的救济。信访人通过法律监督机构获得权利救济,不仅能够重新树立司法权威,还能转变信访救济对行政权过分倚重的现状。当下推行的涉法涉诉类信访改革反映了借司法之手化解纠纷的趋势,国家在规范的构建上也下足了功夫,如 2014 年最高人民检察院出台的《人民检察院受理控告申诉依法导入法律程序实施办法》、《人民检察院司法瑕疵处理办法(试行)》和《人民检察院控告申诉案件终结办法》作为涉法涉诉信访的改革配套文件,涵盖了案件的受理、流转和终结关键环节,客观上对支持和引导信访人依法和理性表达诉求提供更具实效和公正的路径,为实现"引流入轨"并使司法成为解决纠纷的主要手段拓展了空间。

至于信访制度的监督属性则可通过法律监督权对其他国家机关的监督来体现,法律监督权与审判权、行政权有着不同层次的价

---

① 周永坤:《信访潮与中国纠纷解决机制的路径选择》,载《暨南学报(哲学社会科学版)》2006 年第 1 期。

值追求,法律监督权的设置是为了使审判权与行政权在规范的基础之上依法履行各自职责,保证公权力时刻处于法治轨道上,信访监督的目的同样也在于促进公权力的依法行使。《宪法》规定公民享有批评、建议权,能够直接对国家机关的工作提出建议。但是在我国政治体制下,批评建议权主要是由人大代表进行传递并通过人民代表大会制度对国家公权力监督。信访作为公民监督的重要渠道,在对公权力监督层面上逐渐弱化,公民的监督途径客观上在一定程度上被压缩。通过法律监督权来增强公民的信访监督效力,使之成为人大代表制度下的常效监督方式,是法律监督权对信访监督属性的另一接洽。

(三)检察机关处理信访事务的平台架构

法律监督权已然具备对信访制度的吸纳价值和属性条件,但是将信访制度纳入法律监督权的权力架构中,还需要具体实施层面上系统的融合,以完成对信访制度的最终改造。检察机关在处理信访事务上具有其他国家机关所不能比拟的程序性、专业性和具体职能模式的保障优势。

1. 程序性要求的坚守

我国检察机关的权力配置模式继承了列宁的思想,只具备引起一定程序的权力,至于实体处分权则非常有限,程序为主的优势使得检察机关能够"摆脱实体处分的羁绊,集中精力搞监督,充分发挥异体监督的优势"。① 检察机关的程序性是其作为法律监督机关的重要特征,对此应当做以下理解:(1)法律监督权一旦启动,就必然会进入到相应法律程序;(2)这种程序性要求不仅要求自身严格遵守法定程序,还要求其他机关或当事人遵循程序;(3)检察机关的程序性要求隐含了监督的有效性和强制性。作为理想的救济制度,程序性要求是不可或缺的,通过严格的程序不仅能够给当事人带来更强的结果认同感,还有助于实现纠纷解决的"终局性"。当前信访制度欠缺程序性规制,信访机构在信访制度的构架中只是起到了传递作用,对信访事项的处理没有起到实质性效果。检察机关的程

---

① 童建明:《论检察》,中国检察出版社2013年版,第68~69页。

序性弥补了信访制度的欠缺，给予信访法治化以程序性保障，并且在实践上有“切断纠纷”之意义。

2. 专业性保障的优势

所有带有裁决性质的事务都需要高度专业的机构来处理。信访法治化的题中之义在于将信访纳入法治的轨道，那么专业的机构来处理信访事项则成为必须。《中共中央关于全面深化改革若干重大问题的决定》中提及“职业特点的司法人员管理制度，健全法官、检察官、人民警察统一招录、有序交流、逐级遴选机制，完善司法人员分类管理制度，健全法官、检察官、人民警察职业保障制度”，目的是凸显司法工作者的专业化特征，令其符合法律职业化之趋势。检察机关的业务面向广泛，对于民事、刑事、行政以及企业制度管理等相关知识都需涉及，这给检察工作提出较高的专业要求。从信访优化的角度来看，通过对法律的解释和适用能够避免一些非法律因素纳入信访事项的处理中，抑制信访处理结果的高度或然性。检察机关的专业化水准和检察人员素质的提高，是促使信访制度回归民主的坚实基础。

3. 具体职能平台的搭建

检察机关的职责和制度是纳入信访制度的重要平台和保障，现有的检察机关的具体职能模式框架给信访提供了较完备的平台基础。

首先，诉讼制度的改革与延伸拓展了法律监督权的边界。公益诉讼制度的建立进一步拓宽了检察监督的范围，试点方案立足于对公益保护的目的，赋予检察机关作为公共利益的代理人权力，针对生态环境、资源保护和社会公益方面可能出现的情况，向人民法院提起民事或行政公益诉讼。诉讼范围的拓展是对公民利益的支撑，也是对公平理念的贯彻，“对于任何‘弱小的’、‘愚笨’的‘人’而言，国家有为他们提供帮助的义务——对检察机关来说是一种客观义务”①。检察机关统合社会公众的利益诉求并及时介入社会公益事

① 黄学贤、张牧遥：《检察机关支持公益诉讼制度论》，载《甘肃社会科学》2016 年第 1 期。

件,为信访制度建立了一条可靠通道,使公民对于公共利益保护的愿望寻求到了强力的权力辅助。

其次,控告申诉制度成为吸纳信访制度的突破口。控告申诉制度是基于保障公民和其他社会组织依法行使控告、申诉权利设置的,也是对《宪法》第41条的具体化。《人民检察院受理控告申诉依法导入法律程序实施办法》为了实现畅通群众诉求表达渠道,对受理控告申诉的途径、管辖范围以及具体程序作了详尽的规定。检察机关的控告申诉制度实际上是进行信访分流的入口,通过对信访问题的初步筛选完成一般信访与涉法涉诉信访的分离,并对不同种类的信访问题依法实施导入法律程序机制。

再次,检察建议制度是实现信访监督功能的重要制度。检察建议是检察机关非诉讼监督方式之一,指检察机关在办案过程中对有关单位在制度上、管理上的漏洞或发现人员违纪的情形而发出检察建议书,督促其改正的监督方式。《人民检察院检察建议工作规定》第11条列举了六个方面发出检察建议的情形,不仅涉及对法院、公安机关、刑罚执行机关的监督,还有针对行业主管部门的监督,在第3条中还专门提及"涉及一定群体的民间纠纷问题突出,可能导致发生群体性事件或者恶性案件,需要督促相关部门完善风险预警防范措施,加强调解疏导工作的"的情形。总之,检察建议对于重要的社会问题、民生问题都有所介入,与信访监督在监督的内容上产生共鸣。

最后,人民监督员制度解决了检察机关监督的正当性问题。关于"谁来监督监督者"命题,有人立足于二律背反定律提出:由于检察机关背后缺乏监督机关,那么检察机关就不应该行使监督职能的观点。实际上,监督循环的问题已由民主性的回归完美解决,人民作为权力的来源具备监督的正当性,人民的出场完美化解了监督的悖论。人民监督员制度是一项极具中国特色的制度,让人民监督员参与到对法律监督权的运作中去,充实了法律监督权行使的民主性和正当性基础。人民监督员冠之以"人民"称谓,是检察机关在办案中倾听民声的有效形式。信访制度对于公民监督的把控在人民监督员制度之上得到体现,信访人在向检察机关提出诉求时,可通过人民监督员制度来促使检察机关积极履行职责。

(四)信访制度对法律监督权应有功效的增强

法律监督权对信访制度并非仅仅是单向的吸纳,信访制度对完善法律监督权的功效也具有良好的反馈作用,笔者将这种反馈作用称之为“智库效应”。智库(think tank)原指为决策者在处理政治、经济、外交等事务活动中,提供理论、策略的独立于政府部门的专门机构。智库的功能主要在于为决策者科学决策提供科学的观点,此处所称的“智库效应”,是指信访制度在民意、民声的汇集和整理过程中,给法律监督机关提供了科学和民主化的信息来源,并由此促使检察机关在行使法律监督权时,实现其效能最大化的效应。信访在一定程度上是公民与国家相互对话的过程,在这个过程中,公民的意愿对国家重大问题的决策起到导向作用。

就检察机关而言,“智库效应”具体体现在两个方面:一是信访制度决策参考功效,表现为公民的监督或利益诉求成为检察机关进行法律监督的重要信息来源,如对于国家机关工作人员违纪、违法的举报,对法院裁判结果的异议,对国家机关工作的改进建议等,都为检察机关作出监督决策提供了可靠的依据和参数;二是信访制度的检验功效,表现在信访可以检验法律监督权的行使是否符合民意,其监督结果能否产生具体的实效性。当然,这个“智库”所欠缺的对信息的整理、归纳、分析手段需要从检察功能内部获得帮助,并在法律监督权的法律规制下寻求规范化支撑。

信访作为维稳的制度性体现,在建制价值上具有合理性,任何社会个体自由都需要社会秩序的稳定。然而,基于对公正和秩序价值的追求,法律监督权呈现在我们视野中,也给我们带了制度变革之思路。

根据一般改革逻辑,制度的改革必须兼顾理性主义和经验主义两种方法,通过对改革方案的理性建构和对具体实践的分析推演,使制度的重构成为可能。就信访改革而言,法律监督权的实践运作已经给我们提供了丰富的样本素材,但是,若要完成对信访的最终接纳,仍需要继续对法律监督权的价值、属性以及实践进行不断的探索。

代结语

经济体制变革引发了社会利益分化、贫富差距扩大的继发性风险。当前,社会矛盾进入了高发期,对政治和社会稳定产生了较大威胁。其突出表现为:一方面群体性事件和维权抗争事件的大量曝光;另一方面政府、司法机关等成为矛盾的焦点。传统的二元利益格局一去不复返,取而代之的是日益复杂的多元化利益格局与利益需求。公众参与具有缓解社会矛盾之功能,其改变了以往的由政治机构单方"切蛋糕"的局面,公众成为利益分割的重要一元主体,社会矛盾从隐忍后的爆发到显性后的治理不得不说是一种进步。

检察机关是宪法上规定的国家法律监督机关,在司法程序上起着贯通司法和启动司法之功能,同时还在竭力维护着司法的权威。但是在面对社会公众时,作为司法"共同体"的检察院却与法院有着差别待遇。无论是在打击"老赖"上还是在人权保障司法机制改革上,法院都获得了社会舆论的一致好评。反观检察机关,虽然在"阳光检务""公益诉讼"等领域进行了一系列改革,却收效甚微。世人皆知,以人民为中心是政法机关工作的根本立场,但如何将"口号式"民主转化为实际民主却众口不一,检察体制改革的前景应是由行政化监督向司法化监督转变,在监督权运作中植入更多司法元素。从近十年检察监督运行实践来看,让公众参与检察监督成为检察监督民主化、司法化改革的突破口,也是当前检察机关剥离职务犯罪侦查权之后,新一轮检察体制改革的集中面向。

本书一直秉持一个信念前提:公众认同是衡量改革成功的重要标准。毋庸拿出来对比即可得知,当下检察体制改革的公众认同度明显不如法院改革,基本表现在检察监督不如法院裁判更为公众所认同。本书中,笔者集中讨论了检察机关法律监督中的公众参与问题,旨在以公众参与之利器打通公众认同之壁障,基本思维逻辑为:只有公众参与检察才得以知晓检察进而认同检察,只有使公众认同检察,检察体制改革的成功才会有保证。因此,当前检察体制改革的目标与方向须以公众参与为切入,实现公众参与与检察改革的良性循环。

值得欣慰的是,在本书即将出版之际,最高人民检察院通过了《人民检察院审查案件听证工作规定》(以下简称《检察听证工作规定》),这是公众参与检察监督的一项重要举措,《检察听证工作规定》对听证案件类型、听证参加人、听证程序以及听证结果运用等诸多方面予以明确,也是地方检察实践中公众参与的典型措施规范化和制度化的成果之一,积极回应了社会公众对参与检察监督的需求。但是,听证制度仅是公开审查举措之一,当然也并非公众参与检察监督的全部,或言之听证制度的建立仅是迈开了公众参与检察监督制度构建的第一步,在理论基础与制度具体实施方面也暴露出了诸多疑问,如听证制度是否具有明确的上位法依据,如何强化听证结果对检察决策的拘束力,公众参与检察监督的动力、限度以及保障等问题需继续深入探究。

本书研究的结论仅初步完成了检察机关法律监督中公众参与的理论证成与制度预设。公众参与检察机关在理论与实践仍有较大的探索空间,鉴于能力所致尚不足以驾驭整个课题,但殷殷之心,拳拳可见。检察体制改革以人民的利益为根本才是改革之"正途",是以如此,公众参与的民主价值得以彰显。《庄子·人间世》有言:汝不知夫螳螂乎？怒其臂以当车辙,不知其不胜任也。愿此书虽为学术之螳臂,但可助力改革之车辙!

参考文献

著作类

[1]陈卫东:《公民参与司法研究》,中国法制出版社 2011 年版。

[2]王文革:《环境知情权保护立法研究》,中国法制出版社 2012 年版。

[3]邓正来:《国家与市民社会:一种社会理论的研究路径》,中央编译出版社 1999 年版。

[4]傅广宛:《公共政策制定与公民参与研究》,中国社会科学出版社 2019 年版。

[5]何增科:《公民社会和第三部门》,中国社会科学出版社 2000 年版。

[6]贾西津:《中国公民参与案例与模式》,社会科学文献出版社 2008 年版。

[7]谢鹏程:《检察规律论》,中国检察出版社 2016 年版。

[8]蒋伟亮、张先昌:《国家权力结构中的检察监督——多维视野下的法学分析》,中国检察出版社 2007 年版。

[9]陈瑞华:《刑事诉讼的前沿问题》,中国人民大学出版社 2005 年版。

[10]汤唯、孙季萍:《法律监督论纲》,北京大学出版社 2001 年版。

[11]费孝通:《乡土中国》,上海人民出版社 2019 年版。

[12]《孙中山全集》(第 9 卷),中华书局 1986 年版。

[13]张书铭:《理性法律监督论纲》,中国人民公安大学出版社 2014 年版。

[14]《董必武选集》,人民出版社 1985 年版。

[15]李士英:《当代中国的检察制度》,中国社会科学出版社 1988 年版。

[16]刘旺洪:《法律意识论》,法律出版社 2001 年版。

[17]黄蓬威:《刑事司法中的公众参与》,社会科学文献出版社 2016 年版。

[18]晏向华:《检察职能研究》,中国人民公安大学出版社 2007 年版。

[19]武小川:《公众参与社会治理的法治化研究》,中国社会科学出版社 2016 年版。

[20]马怀德:《行政法前沿问题研究》,中国政法大学出版社 2018 年版。

[21]林来梵:《宪法学讲义》,清华大学出版社 2018 年版。

[22]钟海让:《法律监督论》,法律出版社 1993 年版。

[23]郑戈:《法律与现代人的命运:马克斯·韦伯法律思想研究导论》,法律出版社 2006 年版。

[24]蔡定剑:《监督与司法公正》,法律出版社 2005 年版。

[25]《马克思恩格斯选集》(第 1 卷),人民出版社 1995 年版。

[26]张志林:《因果观念与休谟问题》,中国人民大学出版社 2010 年版。

[27]《邓小平文选》(第 3 卷),人民出版社 1993 年版。

[28]林喆:《公民基本人权法律制度研究》,北京大学出版社 2006 年版。

[29]金耀基:《从传统到现代》,中国人民大学出版社 1999 年版。

[30]张新宝:《隐私权的法律保护》,群众出版社 1998 年版。

[31]杨英法:《矛盾的处理、解决方式问题研究》,兰州大学出

版社 2003 年版。

[32]蔡定剑:《公众参与:欧洲的制度和经验》,法律出版社 2009 年版。

[33]龙宗智:《检察制度教程》,法律出版社 2002 年版。

[34]史庆璞:《美国宪法理论与实务》,台北,三民书局 2007 年版。

[35]孙柏瑛、祁光华:《公共部门人力资源开发与管理》,中国人民大学出版社 2004 年版。

[36]张文显:《法理学》,高等教育出版社 2018 年版。

[37]姚尚建:《风险化解中的治理优化》,中央编译出版社 2013 年版。

[38]谢岳:《维稳的政治逻辑》,清华书局 2013 年版。

[39]肖萍、刘东京:《信访制度的法理研究》,群众出版社 2012 年版。

[40]张智辉:《论检察》,中国检察出版社 2013 年版。

[41]童建明:《论检察》,中国检察出版社 2013 年版。

[42][日]冈田朝太郎:《刑事诉讼法》,汪庚年整理、吴宏耀点校,中国政法大学出版社 2012 年版。

[43][美]珍妮特·V. 登哈特、罗伯特·B. 登哈特:《新公共服务:服务,而不是掌舵》,丁煌译,中国人民大学出版社 2004 年版。

[44][法]孟德斯鸠:《论法的精神》(上册),徐明龙译,商务印书馆 2012 年版。

[45][法]让-马克. 夸克:《合法性与政治》,佟心平等译,中央编译出版社 2002 年版。

[46][罗马]查士丁尼:《法学总论》,张企泰译,商务印书馆 1989 年版。

[47][奥]凯尔森:《法与国家的一般理论》,沈宗灵译,中国大百科全书出版社 1996 年版。

[48][俄]B. B. 拉扎列夫主编:《法与国家的一般理论》,王哲等译,法律出版社 1999 年版。

[49][美]塞缪尔·亨廷顿:《变革社会中的政治秩序》,王冠华

等译,上海人民出版社 2008 年版。

[50][日]芦部信喜:《宪法》,林来梵译,北京大学出版社 2006 年版。

[51][法]让-弗朗索瓦·利奥塔尔:《后现代状态——关于知识的报告》,车槿山译,生活·读书·新知三联书店 1997 年版。

[52][美]乔万尼·萨托利:《民主新论》,冯克利等译,上海人民出版社 2009 年版。

[53][日]棚濑孝雄:《纠纷的解决与审判制度》,王亚新译,中国政法大学出版社 2004 年版。

[54][英]吉尔德·德兰逖:《社会科学——超越建构论与实在论》,张茂元译,吉林人民出版社 2005 年版。

[55][美]伦道夫·乔纳凯特:《美国陪审团制度》,尹宁等译,法律出版社 2013 年版。

[56][美]波斯纳:《法理学问题》,苏力译,中国政法大学出版社 2002 年版。

[57][美]W. 菲利普斯·夏夫利:《权力与选择》,孟维瞻译,世界图书出版社公司北京公司 2015 年版。

[58][法]加布里埃尔·塔尔德:《模仿律》,何道宽译,中国人民大学出版社 2008 年版。

期刊类

[1][德]米夏埃尔·布里:《社会主义的第三次浪潮——一位欧洲学者的观点》,载《科学社会主义》2016 年第 1 期。

[2]周新:《论我国检察权的新发展》,载《中国社会科学》2020 年第 8 期。

[3]封安波:《论我国检察权的"三层级"结构——基于〈宪法〉与〈刑事诉讼法〉衔接的考量》,载《法学家》2015 年第 4 期。

[4]徐桂琴:《检察院作为"法律监督机关"的历史解释与思考》,载《东岳论丛》2013 年第 10 期。

[5]张智辉:《论法律监督》,载《法学评论》2020 年第 3 期。

[6]樊崇义:《法律监督职能哲理论纲》,载《人民检察》2010 年

第 1 期。

[7]王子正、赵佳丽:《地方立法的公众参与问题研究》,载《河北法学》2018 年第 3 期。

[8]胡铭、邱士辉:《公众参与司法的正当性基础与实现路径》,载《安徽大学学报》2015 年第 4 期。

[9]陈卫东:《公民参与司法:理论、实践及改革——以刑事司法为中心的考察》,载《法学研究》2015 年第 2 期。

[10]王新松:《公民参与、政治参与及社会参与:概念辨析与理论解读》,载《浙江学刊》2015 年第 1 期。

[11]陈道银:《司法过程公众参与探析》,载《理论月刊》2011 年第 5 期。

[12]汪明亮:《刑事司法过程中的公民参与》,载《人民司法》2012 年第 19 期。

[13]陈发桂:《司法民主化进程中网络公众参与的理性化建构》,载《湖北社会科学》2010 年第 8 期。

[14]陈发桂:《重塑信用:论司法公信力的生成——以网络环境下公众参与为视角》,载《学术论坛》2011 年第 8 期。

[15]秦前红、李少文:《网络公共空间治理的法治原理》,载《现代法学》2014 年第 6 期。

[16]徐莉:《日本刑事程序中国民参与司法制度的反思与借鉴》,载《法学杂志》2011 年第 2 期。

[17]杜坤瑾:《建立不起诉案件听证机制的思考》,载《中国检察官》2017 年第 4 期。

[18]周永年:《审查逮捕案件公开审查机制探索》,载《人民检察》2016 年第 23 期。

[19]陈荣鹏:《侦查监督案件公开审查的价值分析》,载《人民检察》2016 年第 18 期。

[20]尚爱国:《听证式审查逮捕工作机制的建立与完善》,载《人民检察》2015 年第 18 期。

[21]何家弘、刘译矾:《刑事错案申诉再审制度实证研究》,载《国家检察官学院学报》2015 年第 6 期。

[22]高一飞、曾静:《我国派驻监狱检察制度改革的观察与反思》,载《时代法学》2017 年第 5 期。

[23]石少侠:《我国检察机关的法律监督一元论——对检察权权能的法律监督权解析》,载《法制与社会发展》2006 年第 5 期。

[24]赵光武:《用还原论与整体论相结合的方法探索复杂性》,载《系统辩证学学报》2003 年第 1 期。

[25]万毅:《法律监督的内涵》,载《人民检察》2008 年第 11 期。

[26]徐文星、刘晓琴:《21 世纪行政法背景下的公众参与》,载《法律科学》2007 年第 1 期。

[27]蔡定剑:《公众参与及其在中国的发展》,载《团结》2009 年第 4 期。

[28]俞可平:《马克思的市民社会理论及其历史地位》,载《中国社会科学》1993 年第 4 期。

[29]马德普:《协商民主是选举民主的补充么》,载《政治学研究》2014 年第 4 期。

[30]李强、王胜利:《对我国法律监督制度的新解读》,载《中国刑事法杂志》2011 年第 10 期。

[31]杨超、唐亚阳:《"公益"概念辨析》,载《伦理学研究》2015 年第 11 期。

[32]张维平:《论中国行政战略体系下行政决策机制的改革与完善》,载《中国行政管理》2008 年第 3 期。

[33]耿宝建:《在法律与事实之间——司法裁判中事实认定过程的法理分析》,载《河北法学》2008 年第 1 期。

[34]戚建刚:《"第三代"行政程序的学理解读》,载《环球法律评论》2013 年第 5 期。

[35]蒋德海:《法律监督:政治制度还是司法制度》,载《学习与探索》2011 年第 6 期。

[36]陈卫东等:《新时代人民监督员制度的发展与完善》,载《法学》2019 年第 3 期。

[37]陈卫东:《人民监督员制度的困境与出路》,载《政法论坛》

2012 年第 4 期。

[38]张兆凯、陈忠:《人民监督员制度十年回顾与前瞻》,载《湖南社会科学》2014 年第 2 期。

[39]裴娜、俞启泳:《人民监督员选任制度反思与完善》,载《中国刑事法杂志》2015 年第 2 期。

[40]陈卫东、孙皓:《人民监督员制度运行调研报告》,载《国家检察官学院学报》2011 年第 5 期。

[41]王锴:《基本权利保护范围的界定》,载《法学研究》2020 年第 5 期。

[42]韩大元:《基本权利概念在中国的起源与演变》,载《中国法学》2009 年第 6 期。

[43]李忠夏:《基本权利的社会功能》,载《法学家》2014 年第 5 期。

[44]陈征:《我国宪法中的平等权》,载《中共中央党校学报》2010 年第 5 期。

[45]王福华:《辩论权利救济论》,载《法学》2020 年第 10 期。

[46]仰海峰:《葛兰西的意识形态理论及其当代效应》,载《马克思主义与现实》2006 年第 2 期。

[47]姚大志:《善治与合法性》,载《中国人民大学学报》2015 年第 1 期。

[48]唐土红:《论权力合法性的伦理意蕴》,载《伦理学研究》2010 年第 5 期。

[49]王锡锌:《公众参与:参与式民主的理论想象及制度实践》,载《政治与法律》2008 年第 6 期。

[50]孟天广、马全军:《社会资本与公民意识的关系研究——基于全国代表性样本的实证分析》,载《中国行政管理》2011 年第 3 期。

[51]孟凯、石路:《公共行政决策中的公民参与能力》,载《新疆师范大学学报》2014 年第 5 期。

[52]刘金海:《现阶段农民法律意识的调查研究——基于 269 个村 3675 个农民的问卷分析》,载《华中农业大学学报》2015 年第 1 期。

[53]胡常龙:《论检察机关视角下的冤假错案防范》,载《法学论坛》2014 年第 3 期。

[54]胡勇:《监察体制改革背景下检察机关的再定位与职能调整》,载《法治研究》2017 年第 3 期。

[55]郭国谦:《检察机关内设业务机构设置的构想》,载《中国检察官》2015 年第 5 期。

[56]段先盛:《1978 年以来中国改革成功的原因探究——有限理性政府试错式改革与满意实现》,载《浙江社会科学》2008 年第 2 期。

[57]王雅琴:《公众参与背景下的政府决策能力建设》,载《中国行政管理》2014 年第 9 期。

[58]丁煌:《林德布洛姆的渐进决策理论》,载《国际技术经济研究》1999 年第 3 期。

[59]莫翔:《中国渐进式经济改革的总结与思考》,载《理论月刊》2008 年第 10 期。

[60]李海平:《论基本权利对社会公权力主体的直接效力》,载《政治与法律》2018 年第 10 期。

[61]刘志刚:《立法缺位状态下的基本权利》,载《法学评论》2011 年第 6 期。

[62]范进学:《宪法实施:到底实施什么?》,载《学习与探索》2013 年第 1 期。

[63]谢立斌:《论权利的立法保障水平》,载《比较法研究》2014 年第 4 期。

[64]顾培东:《能动司法若干问题研究》,载《中国法学》2010 年第 4 期。

[65]陈鹏:《论立法对基本权利的多元效应》,载《法律科学》2016 年第 6 期。

[66]张昌辉:《新兴权利的确认:司法路径的正当性阐释》,载《宁夏社会科学》2017 年第 2 期。

[67]朱坚强:《论行政管理效率官——兼谈我国行政管理效率的现状及其改观对策》,载《东南大学学报》2000 年第 1 期。

[68]王锡锌:《公共决策中的大众、专家与政府》,载《中外法学》2006 年第 4 期。

[69]刘国媛:《刑事检察听证制度的“理”与“法”》,载《法学评论》2015 年第 1 期。

[70]周新:《审查逮捕听证程序研究》,载《中外法学》2019 年第 4 期。

[71]刘要悟、柴楠:《从主体性、主体间性到他者性——教学交往的范式转型》,载《教育研究》2015 年第 2 期。

[72]刁龙:《生态伦理建构的哲学基础:从主体性到主体间性》,载《重庆社会科学》2015 年第 10 期。

[73]周永坤:《列宁的监督理论与中国反腐》,载《华东政法大学学报》2014 年第 2 期。

[74]侯建:《公众监督与国家工作人员隐私权的立法建制》,载《复旦学报》2016 年第 5 期。

[75]赵科天:《论“政府利益”与“公众利益”的辩证协调》,载《甘肃社会科学》2011 年第 3 期。

[76]汪建成、王一鸣:《检察职能与检察机关内设机构改革》,载《国家检察官学院学报》2015 年第 1 期。

[77]韩志明:《监督权的制度逻辑、内在贫困和建构维度》,载《华东经济管理》2010 年第 3 期。

[78]刘艺:《检察公益诉讼的司法实践与理论探索》,载《国家检察官学院学报》2017 年第 2 期。

[79]袁仕福:《新经济时代需要新企业激励理论——国外研究最新进展》,载《中南财经政法大学学报》2012 年第 5 期。

[80]苏明城、张向前:《激励理论发展及趋势分析》,载《科技管理研究》2009 年第 5 期。

[81]邵晖:《司法与民主的对冲与平衡:对司法问责的审视》,载《北方法学》2020 年第 4 期。

[82]陈洪杰:《司法如何民主:人民司法的历史阐释与反思》,载《比较法研究》2016 年第 5 期。

[83]孙永兴、李明:《论多向度的司法民主》,载《前沿》2013 年

第 5 期。

[84]朱孝清:《检察官相对独立论》,载《法学研究》2015 年第 1 期。

[85]苗生明:《新时代检察权的定位、特征与发展趋向》,载《中国法学》2019 年第 6 期。

[86]李建明:《优化权能结构:检察权优化配置的实质》,载《河南社会科学》2011 年第 2 期。

[87]李建华、屈煜:《检察权伦理:结构、意义与理式》,载《中州学刊》2021 年第 1 期。

[88]蒋德海:《"以法律监督为本质"还是"以控权为本质"?——兼论中国检察机关的职权配置》,载《河南社会科学》2011 年第 2 期。

[89]陈效:《日本检察审查会制度实施现状评析》,载《人民检察》2014 年第 7 期。

[90]高嘉蓬:《侦查监督问题的法解释学分析》,载《政法论坛》2018 年第 5 期。

[91]陈涛:《国家监察视角下侦查监督之探讨》,载《中国人民公安大学学报(社会科学版)》2018 年第 6 期。

[92]郭天武、严林雅:《检察权运行的现状分析与路径优化——以实现以审判为中心的诉讼改革为视角》,载《河南大学学报(社会科学版)》2016 年第 6 期。

[93]刘计划:《侦查监督制度的中国模式及其改革》,载《中国法学》2014 年第 1 期。

[94]陈卫东、赵恒:《人权保障理念视角下的侦查监督改革》,载《人民检察》2014 年第 9 期。

[95]龙宗智:《"以审判为中心"的改革及其限度》,载《中外法学》2015 年第 4 期。

[96]张兆松:《论检察机关刑事审判监督角色的转换》,载《学习与探索》2011 年第 6 期。

[97]谢安平:《半纯粹刑事诉讼程序公正的内涵——兼论修改我国刑事诉讼法的原则》,载《政法论坛》2011 年第 4 期。

[98]闫文博:《错案难翻:司法纠错的历史经验与逻辑》,载《河北法学》2017 年第 12 期。

[99]何家弘、刘译矾《刑事错案申诉再审制度实证研究》,载《国家检察官学院学报》2015 年第 6 期。

[100]高一飞、曾静:《我国派驻监狱检察制度改革的观察与反思》,载《时代法学》2017 年第 5 期。

[101]冯玉军:《中国法律规范体系与立法效果评估》,载《中国社会科学》2017 年第 12 期。

[102]陈瑞华:《制度变革中的立法推动主义——以律师法实施问题为范例的分析》,载《政法论坛》2010 年第 1 期。

[103]姜孝贤、宋方青:《立法方法论探析》,载《厦门大学学报》2016 年第 3 期。

[104]沈岿:《论宪制改革试验的授权主体——以监察体制改革试点为分析样本》,载《当代法学》2017 年第 4 期。

[105]童之伟:《将监察体制改革全程纳入法治轨道之方略》,载《法学》2016 年第 12 期。

[106]汪艳红、陈志霞:《绩效考核政治性研究述评》,载《外国经济与管理》2015 年第 9 期。

[107]梁昌勇、朱龙、冷亚军:《基于结构方程模型的政府部门公众满意度测评》,载《中国管理科学》2012 年第 1 期。

[108]汤志伟:《基于平衡计分卡的检察人员绩效考评研究——以成都市人民检察院的实证探索为视野》,载《电子科技大学学报》2017 年第 1 期。

[109]龙宗智:《试论建立健全司法绩效考核制度》,载《政法论坛》2018 年第 4 期。

[110]陈瑞华:《司法权的性质——以刑事司法为范例的分析》,载《法学研究》2000 年第 5 期。

[111]石茂生:《司法及司法权含义之探讨》,载《河北法学》2012 年第 2 期。

[112]江国华:《通过审判的社会治理——法院性质再审视》,载《中州学刊》2012 年第 1 期。

[113]刘小平、杨金丹:《中国法律信仰论的内在悖论及其超越》,载《法商研究》2014 年第 2 期。

[114]张涛:《论法律权威之确立》,载《重庆理工大学学报》2015 年第 3 期。

[115]朱力、曹振飞:《结构箱中的情绪共振——治安型群体事件的发生机制》,载《社会科学研究》2011 年第 4 期。

[116]凌斌:《科层法治的实践悖论:行政执法化的批判》,载《开放时代》2011 年第 12 期。

[117]沈士光:《论政治信任——改革开放前后比较的视角》,载《学习与探索》2010 年第 2 期。

[118]王浦劬、孙响:《公众的政府满意向政府信任的转化分析》,载《政治学研究》2020 年第 3 期。

[119]张红、李栋:《中国信访制度:困境与变革》,载《华中科技大学学报》2012 年第 6 期。

[120]秦小建:《信访纳入宪法监督体制的证成与路径》,载《法商研究》2016 年第 3 期。

[121]郑贤君:《论检察权与行政权的关系》,载《河南社会科学》2011 年第 6 期。

[122]冯仕政:《中国信访制度的历史变迁》,载《社会发展研究》2018 年第 2 期。

[123]黄学贤、张牧遥:《检察机关支持公益诉讼制度论》,载《甘肃社会科学》2016 年第 1 期。

学术论文

[1]邓志坚:《民国早期广东检察机构研究(1917 – 1926)》,暨南大学 2015 级历史学系硕士学位论文。

[2]钱兆宁:《英国刑事案件审查委员会再审审查程序研究》,苏州大学 2014 级硕士学位论文。

[3]王孟嘉:《风险社会下的再犯危险评估研究》,河南大学 2013 级硕士学位论文。

英文文献

[1] J. C. Smuts, *Holism and Evolusion*, New York, The Macmillan Company, 1926.

[2] James E. Anderson, *Public Policy making*, Wadsworth Cengage Learning, 2010.

[3] Carl Joachim Friedrich, *Man and His Government : An Empirical Theory of Politics*, McGraw-Hill Press, 1963.

[4] Amartya Sen, *The idea of justice*, Allen Lane, 2009.

[5] Henry J . Friendly, *Some Kind of Hearing*, in 123 Univ. of Penn, L. Rev, 1975.

[6] Friedman & Milton, *Free to Choose*, New York, Avon, 1981.

[7] V. H. Vroom, *Work and Motivation*, New York, Wiley, 1964.

[8] D. C. McClelland, *The Achieving Society*, New York, Van Nostrand Reinhold, 1961.

[9] J. S. Adams, *Inequity in Social Exchanges*, New York, Academic Press, 1965.

[10] Carole Pateman, *Participation and Democratic Theory*, Cambridge, Cambridge University Press, 1970.

[11] Robert W. Gordon, *Imprudence and Partisanship: Starr's OIC and the Clinton-Lewinsky Affair* 68 *Fordham*, L. Rev. , 1999.

[12] Meyer H. H. , Kay E. , French J. R. P. P. , *Split Roles in Performance Appraisal*, Harvard Business Review, 1965.